Mainzer Kirchenführer

Entdeckungen in katholischen Kirchen
in und um Mainz

Mainzer Kirchenführer

Entdeckungen in katholischen Kirchen
in und um Mainz

Herausgegeben von Jürgen Nikolay

LEINPFAD
VERLAG

Umschlag: kosa-design, Ingelheim

Fotos:
Baunacke, Michael: S. 24 u.
Beckhaus, Georg Peter: S. 124, 125, 126
Benz, Klaus: S. 30
Berg, Hermann Josef: S. 101, 102
Dötsch, Gerold: S. 122, 123
Eicheler, Dr. Ulrich: S. 155, 156, 157
Ertel, Dieter: S. 148, 149, 150
Glombik, David: S. 24 o., 75, 90, 141, 142
Hahnefeld, Manfred: S. 39 u.
Herrmann, Wilfried: S. 76, 79
Kisch, Anita: S. 118
Kläger, Dr. Michael: S. 143
Lauzi, Hermann Josef: S. 50, 51, 52, 128, 131
Meitinger, Hermann: S. 64, 65, 67
Nikolay, Jürgen: S. 8, 39 o.
Nichtweiß, Dr. Barbara: S. 9, 11
Pulkowski, Peter: S. 107, 109
Raczek, Klemens: S. 29, 31
Reinhardt, Rose Marie: S. 158, 160
Seyfert, Clemens: S. 153, 154
Simonis, Josef: S. 69, 71
Wald, Alfred: S. 46, 47, 48
Alle anderen Fotos wurden von den jeweiligen Gemeinden zur Verfügung gestellt.

Satz: Leinpfad Verlag
Druck: TZ-Verlag & Print GmbH, Roßdorf

Leinpfad Verlag, Leinpfad 5, 55218 Ingelheim,
Tel. 06132/8369, Fax: 896951
E-Mail: info@leinpfadverlag.de
www.leinpfad-verlag.de

ISBN 3-937782-18-4

Inhalt

Vorwort	7
Dom St. Martin	9
St. Quintin	12
St. Stephan	16
Marienkapelle und St. Bernhard-Kapelle im Erbacher Hof	20
St. Christoph, die Ruinenkirche	23
St. Emmeran	25
Karmeliterkloster – ein Karmel inmitten der Stadt	28
St. Antonius	32
Mariä Heimsuchung in Mainz-Laubenheim	35
St. Josefskapelle im Städtischen Altenheim	38
St. Georg in Mainz-Bretzenheim	40
St. Laurentius in Mainz-Ebersheim	43
Maria-Königin in Mainz-Drais: Ein Geschenk der Jesuiten	46
Mariä Himmelfahrt in Mainz-Weisenau	49
Sankt Georg in Mainz-Kastel	53
St. Pankratius in Mainz-Hechtsheim	56
St. Peter	60
St. Stephan in Mainz-Marienborn: Pfarr- und Wallfahrtskirche	64
St Ignaz – eine Kirche von „kurfürstlichen Gnaden"	68
Augustinerkirche (Seminarkirche) in Mainz	72
St. Achatius in Mainz-Zahlbach: Das Kirchlein im HeiligenThal	76
St. Kilian in Mainz-Kostheim	80
St. Martin in Mainz-Finthen	82
St. Hedwig Mainz-Finthen	86
Kapelle der Schwestern von der Göttlichen Vorsehung in Mainz-Finthen	88
St. Klara: Die Kapelle des Klosters der Klarissen-Kapuzinerinnen von der Ewigen Anbetung	89
Kapelle zu den Heiligen Drei Königen in der Maria-Ward-Schule	91

Mutterhauskirche der Mainzer Maria-Schwestern zur Schmerzhaften Mutter (Ehemalige Klosterkirche der Kapuziner) 94

Maria Immaculata in Mainz-Amöneburg 98

St. Stephan in Mainz-Gonsenheim: Der „Rheinhessendom" 100

Die Gonsenheimer Nothelferkapelle 103

Herz-Jesu-Kirche Mainz-Mombach 105

St. Rochus in den Universitätskliniken 107

St. Alban – Der erste Kirchenbau im Bistum Mainz nach dem Zweiten Weltkrieg 110

Das Altarbild von Peter Paul Etz – Vision einer Welt in Gerechtigkeit 112

Heilig Kreuz Kirche im Schlesischen Viertel: 50 Jahre jung und schon denkmalgeschützt 114

St. Bonifaz 117

Maria Hilf in Mainz-Kostheim (Siedlung) 121

Petrus-Canisius-Kirche in Mainz-Gonsenheim. „Himmlisches Jerusalem" aus Beton und Glas 124

St. Nikolaus-Kirche in Mainz-Mombach 128

Kreuzkapelle in Mainz-Mombach 131

Dreifaltigkeitskirche in Budenheim 132

St. Albertus – Katholische Hochschulgemeinde 135

St. Rabanus Maurus 138

Liebfrauen in der Mainzer Neustadt 141

St. Johannes Evangelist 143

Kapelle im Hildegardiskrankenhaus 146

Pfarrzentrum Heilig Geist in Mainz-Mombach 148

Kapelle des Vincenz- und Elisabethen-Krankenhauses 151

St. Jakobuskirche in der Berliner Siedlung: Klein, aber fein 153

St. Franziskus-Kirche auf dem Mainzer Lerchenberg: „Seht das Zelt Gottes unter den Menschen" 155

Kirche St. Bernhard in Mainz-Bretzenheim 158

Kloster der Missionare von der Heikigen Familie 161

Glossar 165

Verzeichnis der Kirchen (nach Stadtteilen) 166

Stille -
während draußen
die Welt dröhnt
hier ein
unbestimmbares Gefühl
von Heiligkeit
eingefangen
zwischen Mauern und
das erhebende Empfinden
sich selbst
ganz nah zu sein.

Brigitta Firmenich

Liebe Leserin, lieber Leser,

„... noch ein Kirchenführer!"
Und doch haben Sie zu diesem Buch gegriffen. Zwar gibt es schon viele Veröffentlichungen über Mainzer Kirchen, doch finden Sie hier die katholischen Kirchen und Kapellen in Mainz unter besonderem Aspekt dargestellt, denn alle Autoren haben eine sehr persönliche Beziehung zu der von ihnen vorgestellten Kirche. Sie sind sozusagen Fachleute ganz besonderer Art. Deshalb fallen die einzelnen Artikel auch ganz unterschiedlich aus. Manche sind kunsthistorisch ausgerichtet, andere stellen den Bau der Kirche in den jeweiligen geschichtlichen Kontext oder geleiten die Besucherin, den Besucher wie bei einer Führung durch die Kirche.
Gerade die Vielfalt der Beschreibungen gibt diesem Buch seinen besonderen Reiz.
Auf diese Weise entstand ein (fast) vollständiger Überblick über die katholischen Kirchen in und um Mainz.
Mit diesem Buch entdecken Sie, liebe Leserin, lieber Leser, den Reichtum der Mainzer Gotteshäuser, den der alten historischen, aber auch den der in unserer Zeit entstandenen Kirchen.
Neben den Führungen durch die einzelnen Kirchen beschreibt dieses Buch auch ein Stück Mainzer (Kirchen-) Geschichte, z. B. die Taufe Johannes Gutenbergs in „St. Christoph" oder die Plünderung der Laubenheimer Kirche durch die französischen Besatzungsheere: Altäre, Kanzel, Orgel, Beichtstuhl und Kirchenbänke wurden damals zu Heizmaterial; oder die städtebaulichen Entwicklungen, die auch den Neubau von Kirchen wie „St. Alban" in der Oberstadt oder „Liebfrauen" in der Neustadt notwendig machten.
Beim Durchblättern und Lesen werden Sie feststellen, dass alle großen abendländischen Stilepochen vertreten sind, und es auch viele Beispiele moderner Architektur gibt.
Die Artikel sind annähernd chronologisch geordnet, beginnend mit dem Wahrzeichen von Mainz, dem Dom (um 1000) über St. Peter

(1748 bis 1756), mit einer der schönsten Rokokokanzeln, bis zur Weihe der nach dem hl. Bernhard von Clairvaux benannten Kirche in Mainz-Bretzenheim (1992). Ganz bewusst wurde auf ausführliche wissenschaftliche Texte verzichtet. Für viele Mainzer Kirchen liegen umfangreiche historische und kunstgeschichtliche Werke bereits vor.

Ich danke allen, die an diesem Buch mitgearbeitet haben, vor allem den Autoren, deren ehrenamtliche Mitarbeit dieses Buch ermöglicht hat. Bedanken möchte ich mich bei Angelika Schulz-Parthu vom Leinpfad Verlag. Sie hat den Anstoß zu diesem Buch gegeben. Mein Dank gilt auch Renate Linke, die durch freundliche und beharrliche Erinnerung dafür Sorge getragen hat, dass alle Artikel, die Angaben für die Infokästen und die Fotos rechtzeitig und vollständig zusammen kamen. Schließlich danke ich David Glombik, der überall dort mit seiner Kamera eingesprungen ist, wo kein Bildmaterial vorhanden war.

Ich hoffe, verehrte Leserin, verehrter Leser, dass Ihr Interesse geweckt wird, und Sie Lust bekommen, auf Entdeckungsreise zu gehen. Sie werden feststellen, dass Mainz nicht nur zahlenmäßig viele Kirchen hat, sondern diese Kirchen einen reichen Schatz beherbergen, der entdeckt werden will. Darauf aufmerksam zu machen und sie „aufzuschließen", ist Ziel des vorliegenden Buches. Damit Sie auf offene Türen stoßen, finden Sie zu jeder Kirche Informationen wie Adresse und Telefonnummer.
Zum Schluss: Es ist – auch im Blick auf andere europäische Länder – keineswegs selbstverständlich, dass alle 56 beschriebenen Kirchen auch heute als das genutzt werden, was sie sind: Gotteshäuser, Häuser des Gebets, der Begegnung mit Gott und den Menschen. Alle Architektur, alle künstlerische Ausgestaltung hat dies zum Ziel: Gott zu loben und zu danken.

Mainz im Oktober 2004 Jürgen Nikolay

Jürgen Nikolay
Diplom-Theologe und
Katholischer Dekanatsreferent von Mainz
Stefansberg 1a
55116 Mainz
Telefon: 06131 / 280381
Fax: 06131 / 280676
E-Mail: Juergen.Nikolay@Bistum-Mainz.de

„Woran dein Herz du hangest [hängst], da ist dein Gott!" – Worte Martin Luthers, die man vielleicht nicht unbedingt auf „der römischen Kirche liebste Tochter" (alte Bezeichnung für die Mainzer Kirche) beziehen würde. - Und dennoch drücken die Worte des Reformators genau das aus, was der gut katholische St. Martins-Dom für seine Umgebung bedeutet, was wir Mainzer mit ihm verbinden: Er ist das Herz unsrer Stadt, an ihm hängt man, in seinen Mauern fühlen wir uns geborgen - nicht zuletzt weil Gott dort zuhause ist.
Und ER, der Dom? - Er hat schon einiges mit gemacht in dieser seiner Stadt, hat gute und schlechte Zeiten erlebt - und noch immer und trotz allem ragen seine Türme und Türmchen majestätisch über die Häuser seiner Mainzer und Mainzerinnen.
Wenn der Domsgickel [der Hahn auf dem Turm] erzählen könnte, dann würde er sprechen vom Hl. Bonifatius, dem Hl. Martin von Tours, Napoleon Bonaparte, den Adventspredigten von Bischof Ketteler, den Bomben des Zweiten Weltkriegs, der Kardinalserhebung unsres Bischofs, Karl Kardinal Lehmann, dem Aufstieg von Mainz 05 in die Erste Fußballbundesliga, und den unzähligen, närrischen Rosenmontagszügen.
„Da wackelt de Dom" – wie die Mainzer sagen ... und bleibt doch bestehen ... nun schon seit über 1000 Jahren.

Das Langhaus mit Blick zum Hauptchor

Aber wie war das damals, als alles begann?

Als Nachfolgerin einer keltischen Siedlung wurde „Moguntia" im Jahr 16 v. Chr. als römisches Kastel zur Sicherung des Rheinübergangs gegründet. Wie in allen Rheinstädten breitete sich auch hier das Christentum als eine der vielen römischen Kultgemeinschaften aus. Ab 346 n. Chr. werden Mainzer Bischöfe erwähnt – unter ihnen von 747-754 Erzbischof Bonifatius, der angelsächsische Missionar, Reformator der ostfränkischen Kirche und „Apostel der Deutschen". Unter seinen Nachfolgern stieg Mainz zur größten Erzdiözese des Abendlandes auf, der zeitweilig 15 Bistümer unterstanden, von Verden an der Aller im Norden bis Chur im Süden und Prag (bis 1345) im Osten. Damit war der Titel „primas germaniae" verbunden und nach der Einführung der Kurwürde (Wahlrecht des Kaisers) Mitte des 14. Jh. auch das Amt des Erzkanzlers des „Heiligen Römischen Reiches Deutscher Nation". Erzbischof Willigis (975-1011) war der bedeutendste unter den frühen Erzbischöfen und begründete das weltliche Territorium. Obwohl sich schon im 11. Jh. die Bildung einer mittelalterlichen Stadtverfassung abzeichnete, blieb Mainz bis zum Einmarsch der französischen Revolutionstruppen 1793 unter der Herrschaft der Erzbischöfe, deren Kurfürstentum mit dem Ende des alten Reiches 1806 erlosch. Schon 1802 wurde unter Napoleon ein neues Bistum begründet, das nach dem Wiener Kongress 1815 auf das rechtsrheinisch-hessische Gebiet des Großherzogtums Hessen Darmstadt ausgedehnt und dem Erzbistum Freiburg unterstellt wurde.

Zu Baugeschichte und Baugestalt

Lage und Gestalt der vermutlich sehr bescheidenen spätromanischen und frühmittelalterlichen Mainzer Bischofskirche sind nicht bekannt. Unter Erzbischof Hatto I. wurde um 900 ein Neubau errichtet, der sich wahrscheinlich in der seit 1820 evangelischen Johanniskirche unmittelbar westlich des Domes teilweise erhalten haben dürfte. Der erste Dombau an heutiger Stelle geht auf Erzbischof Willigis zurück und legte die endgültigen Dimensionen im Wesentlichen fest. Sie stellen eine gewaltige Steigerung gegenüber allen vorherigen Bauten dar. Dieser Neubau (in den Jahren 1000 bis 1239) steht am Anfang aller neuen Großbauten am Oberrhein: Straßburg (1015), Worms (um 1020), Speyer (ab 1027). Wie beim Vorgängerbau handelte es sich auch beim „Willigis-Dom" um eine Doppelchoranlage mit dem Hauptchor und dem großen Querschiff im Westen, das noch breiter auslud als das heutige, nach dem Vorbild von Alt-St. Peter in Rom. Ihm antwortete im Osten ein Querbau in der Flucht der Seitenschiffe, der jedoch niedriger und schmaler war als der heutige. Vor dessen Stirnseiten stehen die bis zur Traufhöhe erhaltenen Rundtürme. Das Langhaus dazwischen ist als flachgedeckte Pfeilerbasilika etwas niedriger als das heutige zu denken. Die Form der Chorabschlüsse im Westen und Osten – Apsiden, rechteckig ummantelt oder rechteckig – ist unbekannt. Im Osten erstreckte sich ein großes Atrium mit einer gesonderten Eingangskirche, aus

der sich später die große Liebfrauenkirche des Doms entwickelte. Neben dem nördlichen Querarm lag die bischöfliche Pfalz mit einem großen freien Platz (heutiger Marktplatz) davor. Ihm entsprechend befand sich auf der Südseite der Kreuzgang.
Von den baulichen Veränderungen abgesehen, sah der Dom zur Bauzeit weder innen noch außen so aus wie heute. Die 1000jährigen Treppentürme waren z.B. weiß verputzt mit roten Gliederungen. Das Farbkleid des Inneren ist unbekannt. Im 18. Jh. war es grau und weiß mit farbigen Barockaltären. 1859 kontrastierte reiche Rankenmalerei mit der Steinsichtigkeit der Pfeiler. 1930 wurde sie von einer expressionistischen Farbsymphonie abgelöst, die nach dem Krieg von einer dämmrigen Steintönung verdrängt wurde. Was wird die nächste Restaurierung bringen? ... Wir Mainzer sind gespannt! Eines ist sicher: Unser Dom ist und bleibt das Herz unsrer Stadt - jenes Herz, das Gott in unsren Herzen lebendig hält.

Michelle Fischer

Quelle:
Winterfeld, Dethard von / Wilhelmy, Winfried: Dom St. Martin Mainz, Kunstführer Nr. 608, Regensburg ^{23}2002Gottesdienste und Führungen im Mainzer Dom

<u>Gottesdienst</u>:
An Werktagen (Gotthard-Kapelle):
6.25 Uhr, 7.00 Uhr, 8.15 Uhr
(Sakramentskapelle): 7.30 Uhr
An Sonn- und Feiertagen: 7, 8 u. 10 Uhr (Hochamt), 11.30 Uhr
Vespergottesdienste an Sonn- und Feiertagen während des Stiftjahres von Oktober bis Juli: 15 Uhr
Tägliche Gebetszeiten (außer an Sonn- und Feiertagen): 16.45 Uhr
<u>Auskünfte</u> zu den besonderen Gottesdienstzeiten an hohen Fest- und Feiertagen und zu Konzerten und Domführungen erteilt die Dominformation: Markt 10, 55116 Mainz, Tel. 06131-253412
<u>Öffnungszeiten</u>:
des Domes für Besichtigungen (außerhalb der Gottesdienste)
1. März bis 31. Oktober Mo. bis Fr.: 9 bis 18.30 Uhr
Sa.: 9 bis 16 Uhr
So.: 13 bis 14.30 Uhr
16 bis 18.30 Uhr
1. November bis 28. Februar
Mo. bis Fr.:9 bis 17 Uhr
Sa.: 9 bis 16 Uhr
So.:13 Uhr bis 14.30 Uhr
16 Uhr bis 17 Uhr
Online-Information über Dom und Bistum Mainz:
www.bistummainz.de

Mitten in der urbanen Geschäftigkeit der Mainzer Innenstadt steht die Pfarrkirche St. Quintin mit ihrem mächtigen Turm. Durch ihre Lage an der Ecke Quintinstraße/Schusterstraße ist sie nicht zu übersehen. Für alle Mainzer ist sie eine gerne besuchte Gebetskirche, die zu Gottesdiensten und seit einem Jahr zur „AtemPause" in Form einer gelesenen oder musikalischen Meditation einlädt.
St. Quintin wurde um 700 vom Mainzer Bischof zur Förderung der Seelsorge gegründet. Sie steht auf einem frühmittelalterlichen Siedlungskern im Viertel der wohlhabenden Kaufleute und Patrizier. Aufgrund einer urkundlichen Erwähnung aus dem Jahre 774 gilt sie als die älteste Mainzer Pfarrkirche. Wie ehemals säumen auch heute noch kleine Geschäfte und Wohnungen die Westweite der Kirchenmauern dieser gotischen Hallenkirche, die um 1288-1300 errichtet wurde. Ein idyllischer, gärtnerisch gestalteter Innenhof, der ehemalige Kirchhof, um 1200 ausgewiesen, grenzt nördlich an die Kirche, derweil hinter einer hohen Mauer das ehemalige Pfarrhaus steht.
Beim Eintritt von der betriebsamen Quintinstraße her tut sich ein weiter, lichterfüllter Kirchenraum in bestem gotischen Stil auf, der den Besucher gerne verweilen lässt. Gleich am Eingang steht der Besucher unter dem Antlitz Jesu, das der Schlussstein im Gewölbe zeigt. Er weist darauf hin, dass wir über Jesus Gott begegnen. Vom Mittelschiff her ist der lichtdurchflutete Chorraum zu sehen. Der prächtige Hochaltar wurde 1739 von dem berühmten Barockarchitekten Maximilian von Welsch geschaffen. Am Altar sind die beiden Märtyrer, der Hl. St. Quintin als römischer Soldat und der Bischof St. Blasius, als Kirchenpatrone dargestellt. Über den seitlichen Durchgängen am Altar weisen zwei Engel, von Burkard Zamels gearbeitet, auf die Verherrlichung des Altarsakramentes hin.
Über den Altar erheben sich vier Säulen, sie tragen den Baldachin, der mit einem Pelikan bekrönt ist. Er öffnet seine Seite als Zeichen für Jesus, der sein Leben für uns hingegeben hat. Im Gegensatz zu dem heutigen Baldachin war der im Zweiten Weltkrieg zerstörte mit einer Darstellung der Heiligsten Dreifaltigkeit ausgefüllt. Einige Kirchen halfen mit ihren geretteten Ausstattungsgegenständen die Verluste von St. Quintin auszugleichen. Zur ehemals gotischen Ausstattung gehören allein noch zwei Steinreliefs. Es sind die Kreuzwegstationen „Christus am Ölberg" und die „Kreuztragung", die um 1500 entstanden sind. Rechts und links vom Chorraum befinden sich zwei meisterlich mit Furnierarbeiten gestaltete Seitenaltäre aus der Liebfrauenkirche in Oberwesel. Einer dieser Altäre birgt eine Pieta, eine schöne Mittelrheinische Arbeit von 1470. Sie ist eine Gabe aus St. Christof für das Gnadenbild, das aus St. Agnes stammte und im Zweiten Weltkrieg in Quintin verbrannt ist. Der zweite Altar ist dem Hl. Judas Thaddäus gewidmet, der in Form einer farbig gefassten Standfigur eingestellt ist. In der linken Hand trägt er das Bild Jesu Christi. Er gilt als ein Verwandter von Jesus und erinnert an das Leinentuch mit dem Antlitz Jesu, das Judas Thaddäus zu dem an Lepra

Die Standfigur des Hl. Judas Thaddäus in St. Quintin

erkrankten König von Edessa brachte. Der Legende Aurea nach erfährt der König Heilung. Daher ist Judas Thaddäus der Fürsprecher von Menschen in schweren Nöten und in verzweifelten Situationen. Die Verehrung des Heiligen und die Wallfahrt zu ihm lässt sich bis ins 15. Jahrhundert zurückverfolgen. Einer alten Wallfahrtstradition zufolge borgten sich die Pilger in der nahe gelegenen Gastwirtschaft „Zum Flehlappen" Tücher aus, mit denen sie auf den Knien rutschend ihrem Flehen Nachdruck verliehen. In der kleinen Heiligkreuz-Kapelle befindet sich ein gotisches Holzkreuz aus dem 14. Jahrhundert. Es wurde 1943 für 6000 Reichsmark in einem Berliner Antiquitätengeschäft erworben. Während der Körper alle Anzeichen des Leidens aufweist, erstrahlt das Gesicht in österlicher Freude. Hier zeigt sich der leidende und der auferstandene Christus. Der Segensspruch: „Der Herr lasse sein Angesicht leuchten" bedeutet nach hebräischem Sprachverständnis: Der Herr möge Dich anlächeln. Das Glasfenster hinter dem Kreuz wiederholt das Symbol des Pelikans, das die christliche Liebe beinhaltet.

Gotisches Holzkreuz aus dem 14. Jh.

Der österreichische Maler Anton Maulbertsch (1724 – 96) schuf 1758 das große Altarbild für den Hochaltar der Zisterzienserinnenkirche Altmünster für 6000 Gulden. Nach 35 Jahren Aufenthalt in St. Emmeran fand es seinen Platz an der nördlichen Westwand von St. Quintin. Dieses Gemälde steht in unserer Gegend unerreicht an Größe und Qualität da. In der oberen Hälfte schwebt Maria, getragen von einem großen und einem kleinem Engel. In der unteren Hälfte umgeben die Apostel das leere Grab. Während Petrus das weiße Leichentuch hebt, streckt Johannes die Hand aus und weist auf die Aufnahme Mariens in den Himmel hin.

Seit 2003 ist in St. Quintin eine Johannes Kohlhaas Orgel von 1747 aufgestellt. Die Pankratiusgemeinde von Budenheim hat sie zur Verfügung gestellt. Aus St. Emmeran kommt die prunkvoll gearbeitete Rokokokanzel, geschaffen 1761 von J. Förster und H. Jung. Der Kanzelbauch zeigt die vier Evangelisten, während auf dem Schalldeckel Engel die vier Kardinaltugenden Weisheit, Willensstärke, Gerechtigkeit, Besonnenheit versinnbildlichen. Gekrönt ist die Kanzel durch die Darstellung des Heiligen Geistes. Einmalig ist die Advents- und Weihnachtskrippe, die nach einer Idee von Pfarrer W. Bescher von dem Bildhauer Ph. Müller um 1920 entstanden ist. Beginnend mit dem Verlust des Paradieses und der gleichzeitigen Hoffnung auf Erlösung bereiten der Prophet Jesaja und Johannes der Täufer das Volk Israel auf die Errettung vor, während der blinde Seher Bileam das Heidenvolk auf den Stern über Jakob hinweist. Schließlich verkünden Engel die Geburt des Erlösers. In der Geburtshöhle hält ein Engel die Krone über das Jesuskind und weist ihn als König aus. So erzählt die Krippe vom ersten Adventsonntag an die Heilsgeschichte bis zur Geburt Christi.

Der Turm auf der Südwestecke wurde nach dem dort angebrachten Wappen 1489 unter Erzbischof Berthold von Henneberg errichtet. Über dem Glockengeschoss war eine Wohnung für den Türmer eingebaut. Gemeinsam mit einem Türmer von St. Stephan war er für die Sicherheit der Stadt, besonders auch für die Brandwache, zuständig. Kleine Fenster, mit grünen Fensterläden unter dem originalgetreu ersetzten Haubendach, erinnern daran. Neben der Hauptglocke existiert noch immer das in Bienenkorbform gegossene Lumpenglöckchen von 1250. Sie ist die älteste erhaltene Glocke des

Bistums Mainz. Der Überlieferung nach mahnt sie mit dem Einläuten der Sperrstunde um 23 Uhr die säumigen Zecher, den Weg nach Hause zu finden. In der weniger schönen Erklärung führt der Begriff des Lumpen zu jemandem, der sich auf dem letzten Weg zum Galgen befindet. Damals erfüllte die Kirche neben der seelsorgerlichen auch städtische Funktionen.

Sieglinde Bederke Raczek
Bernhard Raczek

PFARRKIRCHE ST. QUINTIN
Quintinstraße
55116 Mainz
Gottesdienst:
Sonntag: 10 Uhr Messfeier der Pfarrgemeinde
Dienstag:12.15 Uhr „AtemPause"
Jeden ersten und dritten Sonntag im Monat: 11.30 Uhr Rumänischer Gottesdienst
Öffnungszeiten:
täglich von 10 - 13 Uhr und zu den Gottesdiensten
Kontakt:
Dompfarramt und St. Quintin
Domstraße 10
Tel. 06131-253413
Fax: 06131-223797
lwww.dompfarrei.de.vu
Dompfarrei@Bistum-Mainz.de

Von weitem schon grüßt der Turm der Stephanskirche den vom Rhein her kommenden Mainz-Besucher. Über Jahrhunderte hat dieser Turm das wechselhafte Geschick unserer Stadt und ihrer Bewohner bewacht. Was für eine lange Zeit der Geschichte durchaus wörtlich zu nehmen war: Die Fensterläden unter dem kuppelförmigen Dach weisen heute noch auf die Türmerwohnung hin, in der seit 1559 der Brandwächter seinen Dienst versah. Er hatte Brandherde auszumachen und nach einem genauen Signalcode durch Hammerschläge auf die Turmglocke die Größe des Feuers und den jeweiligen Polizeibezirk anzuzeigen. Erst 1911 verließ der letzte Türmer von St. Stephan (mitsamt seiner fünfköpfigen Familie) diese höchstgelegene Wohnung in Mainz – ein Opfer des technischen Fortschritts, in diesem Fall der Elektrifizierung des Brandmeldewesens.
Ein Zeuge der Geschichte von Mainz ist dieser Turm wie die gesamte Stephanskirche: ein Teil des Gedächtnisses unserer Stadt. Noch heute können alte Mainzer von jenem 27. Februar 1945 erzählen, dem letzten und schwersten Luftangriff auf Mainz, von den Spreng- und Brandbomben, die St. Stephan trafen und vom Brand der Kirche. Eine kleine ständige Ausstellung im Innern erinnert an dieses Ereignis: an Ruinen und Berge von Schutt. Nur die Außenmauern und Säulen waren stehen geblieben. Bis heute zeigt die unter großen Mühen wieder aufgebaute Kirche ihre Wunden: das gotische Gewölbe des dreischiffigen Langhauses konnte nicht wiederhergestellt werden. Die noch vorhandenen Anfänger der Gewölbe an Haupt- und Querpfeilern weisen ins Leere.
Der Besucher, der den Stephansberg erklommen hat, steht vor einer äußerlich schlichten gotischen Hallenkirche, errichtet auf den Fundamenten ihres Vorgängerbaus, einer vorromanischen Basilika.
Der kreuzförmige Grundriss wurde beibehalten, der bis zum Spitzbogenfries erhaltene Turm in den Neubau einbezogen.
Die Tür in dem spitzbogigen Portal, durch das man die Kirche betritt, benennt die Eckpunkte ihrer Geschichte:
St. Stephan, 990 durch die Liebe und Tatkraft des hl. Willigis gegründet, 1338 im Sinne der Gotik erneuert, 1945 zerstört und 1959 durch das Engagement des Mainzer Bischofs Dr. Dr. Albert Stohr wiederhergestellt.
Der hl. Willigis, Kirchenmann und Politiker, Erzbischof von Mainz und Kanzler des Reiches, hat seiner Lieblingsgründung einen Auftrag auf ihrem Weg durch die Zeit mitgegeben: Er hat St. Stephan als Gebetsstätte des Reiches errichtet. Die Stiftsherren, die hier ihren Dienst (bis zur Aufhebung des Stiftes im Zuge der Säkularisation) versahen, sollten die Liturgie in den Anliegen des Friedens und der Gerechtigkeit feiern, im Stundengebet und in der hl. Messe für das Reich beten. In den Kirchenfenstern, die Marc Chagall für St.

Foto rechts: Der Kreuzgang

Stephan geschaffen hat, lebt, so könnte man sagen, dieser Auftrag des hl. Willigis in unseren Tagen wieder auf. In Russland geboren, in Frankreich lebend, als Jude von den Nationalsozialisten verfolgt, im Krieg nur knapp ins Exil entkommen, setzt Marc Chagall hoch betagt, am Abend seines Lebens in dieser vom Krieg gezeichneten Kirche auf deutschem Boden ein Zeichen der Versöhnung, der Völkerverständigung und des Friedens. Vor allem aber hat Chagall, der tief in der Überlieferung seiner Religion verwurzelte jüdische Künstler, in einem christlichen Gotteshaus ein bewegendes Zeichen jüdisch-christlicher Verbundenheit gestiftet.

Tür

Der Besucher der Stephanskirche betritt einen hohen und klaren gotischen Kirchenraum. Die schlanken Pfeiler, das Weiß und Rot der gotischen Ausmalung, die vergoldeten Laubkapitelle mit grün-blauer und roter Tönung ihres Untergrunds atmen Feierlichkeit und Ruhe. Vor allem aber wird er überwältigt vom mystischen blauen Licht, das diese Kirche durchflutet. Die Fenster der Seitenschiffe und des Westchors sind Arbeiten von Charles Marq, Seniorchef des Ateliers Jacques Simon in Reims, mit Chagall durch langjährige Zusammenarbeit und Freundschaft verbunden. Selbst ein eigenständiges Kunstwerk, stellen diese Fenster sich doch ganz in den Dienst der Botschaft Marc Chagalls und des Kirchenraumes überhaupt: Bewusst schlichter in ihrer Gestaltung, zurückgenommen in ihrer Fähigkeit, tragen sie den Betrachter gleichsam dem Zentrum des Gotteshauses, dem Altar entgegen, der ganz eingetaucht ist in das Licht der Querhausfenster, die Chagall geschaffen hat. In den Fenstern des Ostchors, als würde der Blick zugleich in die Tiefe der Zeit geführt, entfaltet sich dann, im reichen Spiel seiner „singenden Farben", in der Dynamik der Gestaltung seiner Motive, Chagalls biblische Vision der Heilsgeschichte und ihrer inneren Mitte: der Vision vom „Gott der Väter". Ist dann nicht, so scheint Chagall dem Betrachter zu sagen, der Gott Jesu Christi, dem diese Kirche geweiht ist, zuerst und zugleich der Gott Abrahams, Isaaks, Jakobs und des Mose? Wer die Fenster von St. Stephan meditiert und ihre Botschaft in sich aufgenommen hat, wird diese Wahrheit nicht mehr vergessen.

Die Bildwelt Chagalls in den Fenstern von St. Stephan kann hier nicht im Einzelnen erschlossen werden. Ein Kirchenführer, am Schriftenstand erhältlich, gibt einen ersten Leitfaden an die Hand. Wer aber die Zeit aufbringen kann, sollte es nicht versäumen, eine Meditation von Monsignore Klaus Mayer zu besuchen, vormals Pfar-

rer von St. Stephan, Initiator und unermüdlicher Begleiter des „Chagall-Projekts", Freund des Künstlers und bis heute ein sich immer neu an seinem Gegenstand begeisternder und auch deshalb beeindruckender Interpret der Kunst Marc Chagalls. Auskunft über Termine der Chagall-Meditationen erteilt das Pfarrbüro.
Ein Besuch unserer Kirche klingt im Kreuzgang von St. Stephan aus: dem vielleicht schönsten spätgotischen Kreuzgang in Rheinland-Pfalz; auf jeden Fall einer Oase der Ruhe, einem Ort, der zur Stille und zur Einkehr einlädt. Um dann vielleicht etwas von der Friedensbotschaft, für die diese Kirche steht und eine Ahnung für die Transparenz unserer Welt auf ihren göttlichen Urgrund hin, für die die Kunst Marc Chagalls uns öffnen kann, mitzunehmen in den Alltag unseres Lebens.

Pfarrer Stefan Schäfer

ST. STEPHAN
Kleine Weißgasse 12,
55116 Mainz
Gottesdienst:
Samstag: 18 Uhr,
Sonntag: 9.30 und 11 Uhr
Öffnungszeiten:
Febr. - Nov.:
täglich 10-12, 14-17 Uhr
Dez.+ Jan.:
täglich 10-12, 14-16.30 Uhr
Kontakt:
Tel.: 06131/231640
Fax: 06131/231646
E-Mail: St-Stephan-Mainz@arcor.de.

Der Erbacher Hof, urkundlich erstmals 1177 erwähnt, einst Stadthof der Zisterzienser von Eberbach, heute Tagungszentrum und Akademie des Bistums Mainz, verfügt über zwei außergewöhnliche gottesdienstliche Räume: Die St. Bernhard-Kapelle, fixiert im barokken Teil des ehemaligen Stadthofs der Mönche von Eberbach, und die gotische Marienkapelle. Beide Gottesdiensträume gehören zusammen und ergänzen einander in ihren liturgischen Aufgaben. Sie sind verbunden durch eine vom alten Bauwerk her festliegende kleine Türöffnung. So sind beide Räume verknüpft und zugleich getrennt und haben für die Gestaltung vom Inneren her ganz unterschiedliche Voraussetzungen. Beide Kapellen, insbesondere jedoch die gotische Marienkapelle, bilden den zentralen Bezugspunkt allen Denkens und Handelns in der Akademie des Bistums.
Der verstorbene Darmstädter Architekt Lothar Willius, der die Renovierungsarbeiten im Neubau des Erbacher Hofs verantwortete, beschrieb die Marienkapelle als Edelstein in einer Fassung, die mit

Blick in die Marienkapelle

ihrem gotischen Maßwerk, ihrem spitzen Giebel und ihren Strebepfleilern zwischen den einfachen Satteldächern erkennbar deutlich herausragt.
Beim Eintritt in den historischen Innenhof erkennt man in der historischen Substanz den Raum des Gottesdienstes. Von diesem Zentrum aus entwickelt sich die „Stadt in der Stadt", das neue wie das barocke Gebäude des Erbacher Hofs, der Schnittstelle zwischen Kirche und Öffentlichkeit.
Beim Eintritt in die Kapelle über die Tür der St. Bernhards-Kapelle entdeckt man sogleich über der teppichartigen Malerei der Sockelzone die Reste von im „byzantischen Zackenstil gemalten" Fresken aus spätstaufischer Zeit (um 1250). Die Bilder sind im Takt des Heilsgeschehens angeordnet, sind in die Wandfelder zwischen Bündelpfeiler und Gurtbogen mit gemalten Rahmungen eingebunden. Um den Thron Salomos mit einer seltenen Mariendarstellung im Zentrum gruppieren sich der Christus- und Marienzyklus, die Verkündigung, das Pfingstwunder. Diese Fresken sind in ein strenges dreijochiges Gewölbe mit axialer Ausrichtung eines Ost- und Westfensters eingefügt.
Der Raum vor dem Altar ist frei, das Gestühl steht meist beiderseits an den Wänden, wie in einem alten Chorraum, der sich zur Mitte richtet. Ein kleines Harmonium aus dem 19. Jahrhundert ermöglicht die Gemeindebegleitung.
Der Altar bildet die alleinige Mitte, der Tabernakel steht in einer Nische in der Nordwand, links neben dem Altar. Die kräftige Altarsteinplatte wird getragen von einem leichten bronzenen Zweig- und Blattwerk. Der gesamte Raum wirkt wie ein vergrößerter Reliquienschrein, der wie ein Kleinod das Zentrum des Erbacher Hofs ausmacht.

Die St. Bernhard-Kapelle, fixiert im barocken Teil neben der gotischen Kapelle, ist genau bestimmt in ihren Proportionen, in der Höhe des Fußbodens, der Decke in Breite und Länge, zunächst nüchtern wirkend, gar nicht als Kirche, war sie zunächst ein einfacher Vortragssaal. Heute dient der sich in der Horizontalen ausdehnende Raum als „große Kapelle", in der das Gestühl um den Altar herum gruppiert in einer Spannung steht. Während in der gotischen Kapelle die Strenge der Gewölbegliederung freudige Farben dominieren, ist die Bernhard-Kapelle durch dunkle Farben geprägt. Die Dekke, der Altartisch, die Sedilien und der Ambo sind dunkel gehalten. Ihm gegenüber steht das Standkreuz strahlend hell im Bergkristall, Silber und geschliffenem Aluminium. Der Raum wird beherrscht von einem Tryptichon: Einem von Ursula und Heinz Kahle gefertigten Wandteppich, einem brennenden Dornbusch, der die Gegenwart Gottes in Rot gehalten versinnbildlicht. Das linke und rechte Bild zeigen das Gottesvolk unter dem Gesetz, ergriffen vom Geist, und beim Einzug in das himmlische Jerusalem. Die um den Altar versammelte Gemeinde, das Tryptichon sowie der Altar bilden eine Einheit. An der Nordwand der Kapelle ist ein Schrein mit Maria und dem

Wandteppich in der St. Bernhard-Kapelle

Kinde sowie den vierzehn Nothelfern mit ihren Attributen, wertvolle barocke Figuren, angebracht. In der nordöstlichen Ecke steht der Schutzpatron des Bistums, der heilige Martinus, in der üblichen Darstellung auf dem Pferde sitzend, in der rechten Hand das Schwert über dem geöffneten roten Mantel. Vor dem Pferd ein nur mit Lendentuch bekleideter Bettler, der auf dem Rücken liegend, leicht abgestützt seine rechte Hand hoch reicht. Es ist eine Holzfigur aus der Mitte des 19. Jahrhunderts. Beim Eintritt in die Kapelle sieht man in einer rechten Konche eine Maria Immakulata, eine Silbertreibarbeit des Augsburger Meisters Johannes Thadeus Lang von 1747 –1749. Vor dem Eintritt in die Marienkapelle steht die Bernhardstatue aus Sandstein aus dem Jahr 1748, vermutlich eine Arbeit des Mainzer Bildhauers Johann Georg Bitterich.
Durch eine kleine Truhenorgel wird der Gemeindegesang unterstützt.

PD Dr. Peter Reifenberg

ST. BERNHARD-KAPELLE
UND MARIENKAPELLE
Grebenstraße 24 – 26
55116 Mainz
Gottesdienst:
Nach Vereinbarung
Öffnungszeiten:
Während der Öffnungszeiten
des Erbacher Hofs:
8–20 Uhr
Kontakt:
Tel.: 06131/257-0
Fax: 06131/257-514
E-Mail: ebh.direktor@Bistum-Mainz.de

Im Herzen der Stadt, unweit der St.Quintinskirche und des Karmeliterkloster, stoßen Besucher der Stadt auf eine beeindruckende Kirchenruine.
Umgeben von einer kleinen Grünanlage, ragen die Mauern und Giebel eines Kirchenschiffs in den Himmel und ziehen den Besucher in ihren Bann. Inmitten des wiedererstandenen und lebendigen Mainz, findet sich hier ein Zeitzeuge für die Schrecken des letzten Weltkrieges: In den Luftangriffen von 1942 und 1945 ging die ehemalige katholische Pfarrkirche St. Christoph zusammen mit einem Großteil der Mainzer Innenstadt unter. Bis heute ist der 27.Februar 1945, der Tag der endgültigen Zerstörung, zugleich der offizielle Gedenktag der Stadt für die Opfer des Krieges und der Nazi-Herrschaft. ‚Den Toten zum Gedenken, den Lebenden zur Mahnung', verkündet der Gedenkstein im Innern der Ruine.
Gab es ursprünglich Pläne, die Reste der zerstörten Kirche niederzulegen, setzte letztlich die historische Bedeutung des Ortes einen Erhalt durch. Nicht nur die Ruine als Kriegsdenkmal, sondern auch die weitreichende Geschichte des Kirchenbaus, führten zu einer Wiederbelebung.
Im Jahre 1964 wurde durch den damaligen Bischof von Mainz, Hermann Volk, die renovierte Chorhauptkapelle ihrer Wiederbestimmung als Gotteshaus zugeführt. Heute nutzen drei Konfessionen diesen Kirchenraum zu Gottesdiensten: Die katholische Cityseelsorge, die Altkatholiken und eine orthodoxe Gemeinde des Patriarchats von Moskau.
Die Ursprünge der Christophskirche gehen nach Quellenlage vermutlich bis ins 9. Jahrhundert zurück. Damit befinden wir uns hier auf uraltem, christlichem Terrain. Ab dem 13. Jahrhundert ist die Kirche gut bezeugt in der Geschichte der Stadt. Sie war die Pfarrkirche des berühmten Buchdruckers Johannes Gutenberg, der hier getauft wurde. Bedeutungsvoll ist außerdem das Wirken der ersten Jesuitengeneration an dieser Kirche: 1543 legte hier der später zum Kirchenlehrer erhobene Petrus Canisius seine Ordensgelübde ab, in die Hände von Petrus Faber, einem der ersten Gefährten des Ordensgründers Ignatius von Loyola.
Besondere Verehrung bei den Mainzern genießt der Pfarrer, der den Untergang seiner Kirche und seines Pfarrhauses selbst miterleben musste und trotzdem zum Tröster seiner Pfarrkinder wurde: Franz Adam Landvogt, gestorben 1953. Der letzte Pfarrer der St. Christophspfarrei liegt in der St. Peterskirche von Mainz begraben.
Im Innern wurde bei der Wiedererrichtung des Gottesdienstraumes ein besonderer Teil des alten Kirchengebäudes neu zur Geltung gebracht: das Gnadenkreuz aus dem 14. Jahrhundert. Dieser sehr verehrte Kultgegenstand gehörte ursprünglich in das Kloster ‚Maria auf dem Felde', später ‚Hl.-Kreuz-Kloster' genannt. Dieses Kloster, vor den Toren der Stadt, ist durch Kriege zerstört worden und im 18. Jahrhundert gänzlich verschwunden. Das kostbare Kreuz kam nach

Gnadenkreuz (14. Jh.)

St. Christoph, wo seine Verehrung anhielt. Sogar den Luftangriff und den folgenden Brand der Kirche überlebte das Kreuz. Heute befindet sich in der Apsis des Kapellenraumes eine originalgetreue Kopie, da das kostbare Original aus Sicherheitsgründen ins bischöfliche Priesterseminar verbracht wurde. Vermutlich ist das mit den vier Evangelistenzeichen bemalte Kreuz sogar älter als der Korpus und stammt aus der Romanik.
Neben einer sehr schönen Sandsteinmadonna und einer holzgeschnitzten Personengruppe mit dem Hl. Christopherus findet sich auf der gegenüberliegenden Seite eine neuzeitliche Sitzfigur des Jesuiten Petrus Canisius, der seit der Wiedereinweihung zweiter Kirchenpatron ist.
Die ehemalige Turmkapelle wird derzeit von der orthodoxen Gemeinde genutzt
Im Vorraum ist ein alter Taufstein aus der Gotik zu bewundern, der an lombardische Kunst erinnert.
So ist St. Christoph ein alter Ort christlicher Gottesverehrung mit einer leidvollen Geschichte, aber auch von neuer, ökumenischer Lebendigkeit.

Pfarrer Michael Baunacke

ST. CHRISTOPH
Christusgasse
55116 Mainz
Gottesdienst:
jeden 1. und 3. Sonntag im Monat um 17 Uhr
Orthodoxe Gemeinde:
Samstag 17 Uhr Vesper
Sonntag 10 Uhr Eucharistische Liturgie
Altkatholiken:
siehe Aushang
Öffnungszeiten:
nur während des Gottesdienstes
Kontakt:
Tel. 06131/9711884
(Pfarrer Baunacke)

1. Die Basilika

Den Beginn der Bauarbeiten für die dreischiffige gewölbte Basilika mit polygonal geschlossenem Chor, in die der alte romanische Glokkenturm einverleibt wurde, erwähnt ein Ablassbrief aus dem Jahr 1296. Andere Bezugspunkte für die Datierung waren die Wappenschlusssteine: einer im Mittelschiff aus der 2. Hälfte des 14. Jahrhunderts und einer in der Sakristei aus der Zeit zwischen 1380 und 1390, zu deren Zeit der Ausbau erfolgt sein muss.
Durch den Fliegerangriff am 27. Februar 1945 stürzten alle Gewölbe außer drei im südlichen Seitenschiff und das obere Geschoss des Glockenturmes ein; die Ausstattung, die in der Kirche geblieben war, verbrannte.
In einem Artikel von 1961 beklagt sich Fritz Arens, Autor der genauesten historischen und architektonischen Beschreibung unserer Kirche, dass 16 Jahre nach Kriegsende die Emmeranskirche noch ein Trümmerfeld sei, ein Versäumnis, das er dem „geringen Interesse der Bevölkerung an der Erhaltung des kulturellen Besitzes" der Stadt zuschreibt.

Stifterwappen in St. Emmeran

2. Wiederaufbau der Emmeranskirche

Der Wiederaufbau der St. Emmeranskirche aus den Trümmern, die seit 1945 dort gelegen hatten, wurde 1981 zu Ende geführt. Im Äußeren wurde der alte Zustand belassen, doch sollten die Räumlichkeiten im Inneren den neuen Anforderungen des Zentrums für die italienische Gemeinde angepasst werden. Das Bistum Mainz hatte sich für eine nicht ausschließlich religiöse Nutzung des neuen Baus

entschieden und damit für zwei Probleme eine einzige Lösung gefunden: einerseits waren im Stadtteil zu wenige ständige Einwohner, als dass St. Emmeran als Pfarrkirche hätte dienen können: andererseits war ein fester Sitz für die mittlerweile unentbehrliche soziale und religiöse Betreuung der ausländischen Arbeiter und ihrer Familien dringend notwendig. Die feierliche Einweihung fand am 19. Dezember 1981 statt.

Dem Wiederaufbaukonzept der Mainzer Architekten für den nicht gottesdienstlichen Raum lag das Prinzip des römischen Forums zugrunde: das erklärt die Struktur des Vorraums mit der Säule und den Straßenleuchten sowie dem Teil der Terrasse außerhalb der eigentlichen Kirche, der als Bar eingerichtet ist, und von dem man auf das untere Atrium blickt. Die Tatsache, dass die „Abschlüsse zwischen den Schiffpfeilern" in Glas und Stahl ausgeführt wurden, trug – so der Eindruck, der in der damaligen Presse dokumentiert ist – zur „Marktplatz-Atmosphäre" bei.

Der sakrale Raum besteht aus dem alten Chor sowie aus der östlichen Hälfte des Mittel- und des südlichen Seitenschiffes. Die Fenster wurden mit gotischem Maßwerk gegliedert und hell verglast: eine künstlerische Verglasung, die die hellen Fenster später hätte ersetzen sollen, ist leider bis heute ausgeblieben. Erhalten gebliebenen sind im Chorinnern auch die vier Postamente des einstigen Baldachin-Altars und eine der Säulen.

Einige Zeit nach 1981 wurde auf dem vorderen rechten Säulenpodest ein kunstvoller Tabernakel aufgestellt, und in die Mitte kam ein Altar aus Lahnmarmor, der sich in seiner Schlichtheit sehr gut in den gotischen architektonischen Rahmen fügt. Neben dem Eingang an der Ecke Emmeranstraße/Kronenberger Hof ist noch das „Lichthäuschen" zu sehen, in dem früher ein Licht brannte, wenn in der Kirche ein Leichnam aufbewahrt wurde. Zur Zeit der alten gotischen Kirche war dort ein Stifterwappen angebracht, dessen Abguss aus Stein heute neben dem Eingang hängt.

3. Die Salesianer in der italienischen Mission

Die italienische Gemeinde, für die das Projekt von vornherein bestimmt war, war nicht in die Planungen einbezogen. Erst als die Salesianer die geistliche Leitung der Gemeinde ab dem 1. Oktober 1987 übernahmen (Don Pio Visentin, Don Giorgio Gallina, Luciano

Loreggian), konnten einige Details, die die „Marktplatz-Atmosphäre" wohl betonten, die religiöse jedoch zu sehr beeinträchtigten, geändert werden; der Boden, der vom hinteren Hof vor dem Westeingang bis zum Altar ein- und derselbe war, wurde durch einen einer Kultstätte angemesseneren Belag ersetzt.
Anstatt der Holztüre gibt es nun gewichtigere, zur Schallisolierung besser taugende Schiebetüren, die es außerdem ermöglichen, anlässlich besonderer Festlichkeiten den Kirchenraum zu vergrößern oder zugunsten des Atriums zu verkleinern.
Die zwei großen Zimmer, die aus den östlichen Hälften der Seitenschiffe gewonnen wurden, sind dem Spiel bzw. dem gemeinsamen Nachdenken und Diskutieren gewidmet und bilden neben dem den Sakramenten und dem Beten geweihten Raum eine für die salesianischen Gemeinden typische Aufteilung.

Elisabetta u. Giovanni Tommaseo

ITALIENISCHE KATHOLISCHE GEMEINDE ST. EMMERAN
Emmeranstr. 15
55116 Mainz
Gottesdienst:
Italiener: Samstag 18.20 Uhr
Sonntag 11 und 16 Uhr
Polen: Sonntag 9.30 Uhr
Öffnungszeiten:
8-12, 15–19 Uhr
Kontakt:
Tel.: 06131/224126
Fax: 06131/230032
E-Mail: missione@mcimainz.de

„Schafft ein Werk bürgerlichen Gemeinsinnes!" Dieser Aufruf aus dem Jahr 1923 galt der Rettung der Karmeliterkirche, die seit der Säkularisation 1802 profan genutzt wurde. Nach vergeblichen Versuchen, den ehemaligen Kirchenraum als Garnisonskirche, Raum für die Deutschkatholiken, Volksbad, Turnhalle oder Museum zu nutzen, beschloss die Mainzer Stadtverordnetenversammlung im Dezember 1922 die Niederlegung des baufällig gewordenen Kirchengebäudes. Dagegen regte sich unter der Bevölkerung Protest, der sich in einer Vielzahl von Leserbriefen in den Mainzer Zeitungen ausdrückte. „Wir Mainzer, wir Jüngeren namentlich, lassen uns dies köstlich traute Stückchen Alt-Mainz nicht nehmen!".

Der Protest führte zur Rettung der Kirche. Die Karmeliter erklärten sich bereit, ihre alte Klosterkirche wieder zu übernehmen und wiederherzustellen. Dies ist vor allem dem Einsatz des niederländischen Karmeliters Titus Brandsma zu verdanken, der 1942 im KZ Dachau die Todesspritze erhielt und 1985 selig gesprochen wurde. An ihn erinnert im Seiteneingang der Kirche eine Gedenktafel, die die Stadt Mainz gestiftet hat.

Nach 122 Jahren kehrten 1924 die Karmeliter nach Mainz zurück. Erstmals sind sie um 1270 nach Mainz gekommen. Ursprünglich ein Einsiedlerorden auf dem Berg Karmel im Heiligen Land, wandten sie sich - so wie die anderen Bettelorden - den Städten zu, um nun inmitten der Menschen für die Menschen dazusein. Unterstützt von den Bürgern der Stadt bauten sie im 14. Jahrhundert ihre Klosterkirche. Neben den Wappen von besonderen Stiftern befindet sich an dem zentralen Schlussstein über dem Hochaltar das Wappen der Stadt Mainz. Dieses Stadtwappen ist noch einmal in der Kirche zu sehen, im Chormittelfenster unten links - hier umgeben von zwei Mainzelmännchen.

Von außen zeigt sich die Karmeliterkirche als eine typische Bettelordenskirche mit einem Dachreiter. Der hohe Chor mit den großen Fenstern ist länger als der übrige Kirchenraum. Der Blick auf die äußere Westfassade mit dem großen Mittelfenster und zwei kleineren Fenstern zeigt deutlich das Mittelschiff mit den zwei unterschiedlich großen Seitenschiffen. Über dem Hauptportal befindet sich eine barocke Darstellung der Marienkrönung, ein Hinweis auf das Patrozinium der Kirche.

Der Innenraum der Kirche ist geprägt durch den hellen Chorraum und den dunkleren Kirchenraum. Unwillkürlich wird der Blick zu dem lichten Chorraum geführt.

Die Deckenfresken im Chor aus der ersten Hälfte des 15. Jahrhunderts zeigen, um welches Licht es hier eigentlich geht. Um das Antlitz Jesu über dem Hochaltar stehen die Worte: „Ich bin das Licht der Welt. Wer mir nachfolgt, wird nicht in der Finsternis umhergehen, sondern wird das Licht des Lebens haben" (Johannes Kapitel 8, Vers 12). Umgeben ist die „vera icona" Jesu von zwölf Engeln, die in ihren Händen die Leidenswerkzeuge Jesu halten.

Deckenfresco in der Karmeliterkirche

Das Antlitz Jesu weist auch auf die Spiritualität der Karmeliter hin. Das Wort des Propheten Elija, ihres geistlichen Vaters, ist das Leitwort für ihre Kontemplation und Aktion geworden: „Gott lebt, und ich stehe vor seinem Angesicht!" (1 Könige Kapitel 17, Vers 1). So stehen auch die acht Männer, die an Karmeliter erinnern, in Beziehung zu dem Antlitz Jesu. Sie halten Spruchbänder in ihren Händen, auf denen Psalmverse stehen, z.B. „Dein Angesicht, Herr, will ich suchen." (Psalm 27, Vers 8) und „Laß dein Angesicht leuchten, dann ist uns geholfen." (Psalm 80, Vers 4). Es ist gleichsam ein „immerwährendes Chorgebet", in das die Karmeliter mit der ganzen Kirche immer wieder einstimmen.

Gebet und Verehrung bringen auch die Engel mit den Weihrauchfässern zum Ausdruck. Beides gilt dem, der Herr ist über den Tag und die Nacht, über die Sonne und den Mond: Jesus Christus, dem „wahren Licht".

Besondere Wirkung hat die Wandgestaltung um den Hochaltar. In der Höhe der Fenster wandelt sich der rechteckige Chorabschluss zu einem 5/8- Abschluss. Und die gerade Wand unten wird durch einen Erker unterbrochen, der einen eindrucksvollen Rahmen für den Hochaltar bildet.

Das goldene Altarbild von 1517 zeigt die Krönung Mariens, daneben den hl. Albertus, den Patriarchen von Jerusalem und Verfasser der Karmelregel, und den Karmeliterheiligen Angelus von Sizilien sowie die zwölf Apostel. Wohl um Geld zu sparen, wurde dieses Altarbild an dem schon bestehenden Flügelaltar vom Ende des 14. Jahrhunderts angebracht, der ebenfalls mit einer Darstellung der Marienkrönung versehen war. Die Malerei auf der Rückseite der beiden Altarflügel zeigt die Leidensgeschichte und die Auferstehung Jesu.

Um 1400 wurde die sogenannte „Karmelitermadonna" geschaffen, die am rechten Pfeiler des Triumphbogens angebracht ist. Sie ist eine Weinrebenmadonna. Weinreben bilden ihre Krone. Als Zepter hält Maria in der rechten Hand ein Kreuz, von Engeln umgeben, die das Blut aus den Wunden Jesu in Kelche auffangen. Das Kreuz ist mit einem Pelikan bekrönt, der seinen Jungen das eigene Blut gibt, damit sie überleben können. Das Jesuskind auf dem linken Arm Marias hält in seiner linken Hand einen Vogel mit einer Schriftrolle im Schnabel. Auf dieser sind wohl die Namen der Erlösten geschrieben.

Kirchenraum mit Blick zum hohen Chor

Zur heutigen Ausstattung der Kirche gehören: die Pieta (Anfang 15. Jh.), die Figur der hl. Anna Selbdritt (um 1500, Kopie), die Figur des hl. Josef (18. Jh.), das aus der alten Mainzer Friedhofskapelle stammende Kreuz (18. Jh.), die aus der zerstörten St. Christophskirche stammende Barockfigur des hl. Bischofs und Märtyrers Valentin (1768), die vom blinden Mainzer Künstler Jakob Schmidt geschaffene Figur der hl. Theresia vom Kinde Jesu (1925) und die Orgel von Erich Breitmann (1970).

Der Innenraum der Klosterkirche wird auch von der Glasmalerei des niederländischen Kunstmalers Jan Schoenacker geprägt. Die 1971 eingesetzten Glasfenster können als eine farbige Darstellung des 4. Hochgebetes gesehen werden, das immer wieder in der Eucharistiefeier gesprochen wird.

Die Fenster der Westseite der Kirche zeigen die Erschaffung der Welt und des Menschen sowie den Propheten Elija und Johannes den Täufer. Dazu passen die Worte des 4. Hochgebetes „Wir preisen dich, heiliger Vater, denn groß bist du, und alle deine Werke künden deine Weisheit und Liebe. Den Menschen hast du nach deinem Bild geschaffen und ihm die Sorge für die ganze Welt anvertraut. Über alle Geschöpfe sollte er herrschen und allein dir, seinem Schöpfer,

dienen. Als er im Ungehorsam deine Freundschaft verlor und der Macht des Todes verfiel, hast du ihn dennoch nicht verlassen, sondern voll Erbarmen allen geholfen, dich zu suchen und zu finden. Immer wieder hast du den Menschen deinen Bund angeboten und sie durch die Propheten gelehrt, das Heil zu suchen".
Die vorderen Fenster im Chor zeigen die Heilstatt Gottes in Jesus: „So sehr hast du die Welt geliebt, heiliger Vater, daß du deinen eingebornen Sohn als Retter gesandt hast ..." Jesus ist Mensch geworden, hat Anteil genommen am Leben und Tod der Menschen, wie die Bilder von der Hochzeit zu Kana und des Marientodes zeigen. Jesus feiert mit seinen Jüngern das letzte Abendmahl, stirbt am Kreuz, wird vom Tod auferweckt und begegnet den Jüngern am See Tiberias. Schließlich sind seine Jünger gesandt, den Menschen die Frohe Botschaft zu verkünden, wie es der Diakon Philippus gegenüber dem Kämmerer der äthiopischen Königin Kandake getan hat.
Neben dem Kirchenraum befinden sich zwei 1993 neu gestaltete Räume des Gebetes und der Meditation. Durch die Tür neben dem Allerheiligstenaltar gelangt man in die Elijakapelle. Der Tabernakel und der Altar, die der westfälische Künstler Heinrich Gerhard Bücker geschaffen hat, zeigen Ereignisse aus dem Leben des Propheten: Ein Engel stärkt den niedergeschlagenen Elija, der sich dann auf den Weg zum Gottesberg Horeb macht und dort Gott begegnet, der sich im sanften, leisen Säuseln offenbart und nicht im Sturm oder Feuer. Von Bücker ist auch die Marienfigur „Stella maris". Maria ist die Patronin der Karmeliter, die sich „Brüder Unserer Lieben Frau vom Berge Karmel" nennen. - Der Elijakapelle schließt sich ein „Raum der Stille" an. Hier sind zwei spätgotische Fresken zu sehen, die die Himmelfahrt Elijas und das Pfingstfest zeigen.
Das mittelalterliche und das barocke Klostergebäude haben sich nördlich der Kirche angeschlossen. Das heutige, 1964 errichtete Klostergebäude, umgibt den Chorraum.

P. Klemens M. Raczek O.Carm.

KARMELITERKLOSTER
Karmeliterstraße 7
55116 Mainz
Gottesdienst:
Sonntag: 7.30, 9 und 10.30 Uhr
Öffnungszeiten:
7 – 12.30 Uhr, 15 – 19 Uhr
Kontakt:
Tel.: 06131/288570
Fax: 06131/2885721
E-Mail: karmelmainz@t-online.de

1324 wird die Mainzer Antoniterniederlassung genannt, 1331 lässt eine Frau Mechtildis die Kirche bauen. 1528 verließen die Antoniter Mainz. Kirche und Kloster wurden profaniert, bis 1620 die Armen Klarissen, die aus Köln kamen, die Gebäude übernahmen. 1802 wurde das Kloster aufgehoben. 1948 pachtete die Mainzer Kolpingfamilie die Ruinen von Kirche und Kloster von der Stadt und begann zunächst mit der Wiederherrichtung der Antoniuskirche. Seit 1966 ist das Bischöfliche Institut für Kirchenmusik in dem wiederaufgebauten Klosterflügel an der Klarastraße untergebracht.
Der Chor der Antoniuskirche besteht aus einem 5/8-Schluss und zwei querrechteckigen Jochen (Breite : Höhe = 7 : 13,14 m). Das Langhaus bildet im Grundriss ein Quadrat und springt nur wenig

Blick in den Altarraum von St. Antonius

über die Seitenwände des Chores vor. Während der Chor über kapitellosen Diensten mit Kreuzrippengewölben (Birnstab) überdeckt ist und schönes Maßwerk auf der Nord- und Ostseite besitzt, hat das Langhaus eine tieferliegende Flachdecke und Fenster ohne Maßwerk. Im Langhaus wurde 1625 eine barocke Nonnenempore eingebaut, wie die toskanischen Kapitelle der tragenden Säulen und die verschwundene Jahreszahl 1626 am Gewölbe verraten.
Der Chor wird durch die langen zweibahnigen Fenster bestimmt, die alle das gleiche Maßwerk besitzen mit Ausnahme des dreibahnigen Mittelfensters, dessen Maßwerk wahrscheinlich in der Barockzeit herausgeschlagen, aber 1948 nach den vorhandenen Ansätzen zuverlässig ergänzt wurde.
Aus der Erbauungszeit der Antoniuskirche stammen folgende Ausstattungsstücke: der Dreisitz im Chor, dessen vorderer Teil stark beschädigt war und der inzwischen wiederhergestellt ist; ein Wandschrank in der südöstlichen Schrägwand des Chores in Form eines Türrahmens, in dem jetzt der Tabernakel steht; ein Nebentürchen, das aus dem mittleren Joch hinausführt und die spätere Treppe zum Nonnenchor zugänglich macht. Feines Maßwerk ziert die Tympanonplatte, auf der noch das ursprüngliche Antoniterkreuz aufgemalt ist.
Die Gewölbe- und Wandmalereien im Chor wurden 1948 unter der wohl im 17. ahrhundert aufgetragenen Tünche freigelegt. Die Kaseinmalereien waren durch früheres Abkratzen sehr beschädigt, doch konnte durch Ausflecken und Nachziehen der Konturen das ganze Gewölbe wieder so hergestellt werden, dass es dem ursprünglichen Erscheinungsbild nahe kommt und wie das Gewölbe der Karmeliterkirche ein seltenes Beispiel einer hochgotischen Kirchendecke darstellt.
In jeder Gewölbefläche steht oder thront eine Figur, die übrigbleibenden Zwickel sind mit fischblasenähnlichem Maßwerk und Dreipässen gefüllt. Längs der Außenwände sind thronende Figuren angeordnet, die schmalen inneren Zwickel enthalten die stehenden Heiligen. Meistens blicken sie zu dem thronenden Christus in der mittleren Kappe des Chorschlusses. Viele sind durch Beischriften gekennzeichnet, einige müssen durch ihre Attribute bestimmt werden. Für die Entstehungszeit der Deckenmalereien dürften die Jahre nach 1330 und vor 1350 in Frage kommen.
Die Kirchenfenster wurden zwischen 1964 und 1968 von Wilhelm Geyer aus Ulm geschaffen. Sie stellen im Mittelfenster Wunder, Abendmahl, Passion und Erhöhung Christi, auf der Südseite die Gleichnisse der Liebe Gottes zu den Menschen, auf der Nordseite die Gleichnisse von der Nächstenliebe dar. Mit ihren bunten Farben und kleinfigurigen Bildern schließen sie ähnlich wie mittelalterliche Fenster den Raum. Die Seitenkapelle zeigt fünf Szenen des Marienlebens mit ihren Vorbildern im Alten Testament.
Die Orgel dient besonders dem Institut für Kirchenmusik zum Unterricht und zum Üben. Sie wurde mit 34 Registern 1971/72 von Paul Ott in Göttingen gebaut.

Der Chor von St. Antonius ist in seiner reichen Gliederung durch die Maßwerkfenster ebenso wie die kleine angebaute Kapitelskapelle ein ausgesprochenes Juwel, das eine ähnliche Bewunderung verdient wie die Wernerkapelle in Bacharach. Er ist auch geweiht durch das heilig mäßige Leben der 163 Armen Klarissen. Man kann von Glück sprechen, dass dieses Kleinod bei den Zerstörungen des Zweiten Weltkrieges nicht völlig vernichtet wurde, und dass es gelang, es einer neuen Bestimmung zuzuführen und in sachgemäßer Weise wiederherzustellen. Besonders wertvoll wird der Raum durch die Gewölbemalereien aus der Bauzeit, die das architektonische Meisterwerk abrunden.

Pfarrer Gerold Reinbott

(Quelle: Fritz Arens, Mainz St. Antonius, (= Schnell, Kunstführer 1416), München [1]1984

<u>ANTONIUSKAPELLE</u>
Adolf-Kolping-Str. 10
55116 Mainz
<u>Gottesdienst:</u>
11.45 Uhr in slowenischer Sprache (jeden 1. Sonntag im Monat)
10 Uhr in portugiesischer Sprache (jeden Sonntag, außer am 2. Sonntag im Monat)
<u>Öffnungszeiten:</u>
Die Kirche ist nur zu den Gottesdienstzeiten geöffnet bzw. nach telefonischer Absprache.
<u>Kontakt:</u>
Tel.: 06131/253 352
(Pfarrer Reinbott)

Öffnet sich die schwere Holztür zum Hauptschiff der Pfarrkirche Mariä Heimsuchung in Mainz-Laubenheim, fällt der Blick direkt auf den hellen, weiten Altarraum, dessen Mitte ein moderner Altar bildet, der 1981 nach Entwürfen von Alois Plum eingebaut wurde. Dahinter erhebt sich der im klassizistischen Stil gehaltene Hochaltar. Dieser besteht aus vier Säulen, die aus grauem, rotem und weißem Stuckmarmor gefertigt sind. Die Säulen tragen ein halbkreisförmiges Gebälk mit vier hochstrebenden Voluten und einer Urne in schwarzgrüner Marmorierung. Es bestehen auffallende Ähnlichkeiten zu dem Hochaltar der St. Ignaz-Kirche. Die zwei Figuren zwischen den Säulen stellen die Jugendpatrone Aloysius von Gonzaga mit einer Lilie und Stanislaus Kostka mit dem Jesuskind dar. Den Chorraum begrenzen zwei Seitenaltäre in Portalform. Der überwiegende Teil ist aus grau, rot und weiß geflammtem Stuckmarmor, das untere und obere Gebälk aber ist schwarz. Die Kapitelle, Basen und alle Figuren sind in weiß gehalten und mit sparsamer Vergoldung verziert. Diese Architektur rahmt je ein Gemälde, dessen Darstellungen von Jesuitenheiligen die Herkunft der Altäre verrät. Die Berufung des Ordenstifters Ignatius von Loyola thematisiert das Bild des linken Seitenaltares. Der Begründer der Jesuiten begegnet in einer Vision dem kreuztragenden Christus vor den Toren Roms. Das rechte Altarbild zeigt den einsamen Tod des Weltmissionars Franziskus Xaverius auf der Insel Sanzian im chinesischen Meer.

Der übrige Schmuck an Plastiken, unten auf dem linken Altar eine nicht näher bestimmbare Märtyrerin und der Heilige Petrus, rechts St. Nepomuk und Barbara, sind jedoch nicht typische Heilige der Jesuiten. Die aus den Stilformen zu erschließende Entstehungszeit dieser Altäre stimmt mit dem überlieferten Datum 1725 überein. Die Pfarrchronik berichtet, dass der Mainzer Bürgermeister Edmund Gedult von Jungenfeld im Jahr 1817 die drei Altäre aus der Kapelle des geschlossenen Jesuitennoviziats in der Mainzer Innenstadt dem Laubenheimer Pfarrer Johann Philipp Kasimir Henrich schenkte. Noch im gleichen Jahr wurden die Seitenaltäre in Laubenheim aufgestellt. Zwei Jahre später folgte der Hochaltar. Die Kirche war in Folge der zweimaligen Belagerung der Stadt Mainz von französischen Revolutionsheeren in den Jahren 1794 und 1795 und dem daraus resultierenden Mangel an Brennholz durch die Besatzer geplündert worden: Altäre, Kanzel, Orgel, Beichtstuhl und Kirchenbänke wurden zu Heizmaterial. Die zerstörte Pfarrkirche wurde 1811 wiederhergerichtet. Ebenfalls aus dem Inventar der Jesuitenkapelle stammt ein großes Ölgemälde, welches nun an der Rückwand des nördlichen Seitenschiffes hängt. Abgebildet ist der auf zwei Stufen kniende Heilige Joseph, der Jesus auf seinen Händen trägt. Eine Anzahl von Cherubinen, Putten und ein Engel mit Buch und Lilie umgeben ihn. Nach der beschwingten Darstellungsweise kann man das Bild etwa in die Mitte des 18. Jahrhunderts datieren. Es wird vermutet, dass hier das Mittelbild des Hochaltares der Noviziatkapelle der Je-

suiten erhalten ist, da diese dem Heiligen Joseph gewidmet war.
Das Marienpatronat der Laubenheimer Pfarrkirche ist sehr wahrscheinlich auf das Mittelalter zurückzuführen. Die erste Nennung eines Gotteshauses in Laubenheim ist im Oculus Memorie der Abtei Eberbach im Jahr 1211 zu finden. Die Pfarrhoheit oblag zu dieser Zeit dem zwischen Laubenheim und Weisenau gelegenen Sankt-Viktor-Stift. Die Marienwidmung dürfte demnach von der Weisenauer Kirche „Maria Himmelfahrt" entlehnt worden sein.
Die Laubenheimer Pfarrkirche geht, so wie sie sich heute zeigt, auf das Jahr 1717 zurück, in welchem Pfarrer Franz Friedrich Velten das Langhaus im Renaissancestil erweitern ließ. Das Hauptschiff und die Südfassade sind demnach die ältesten Gebäudepartien. Der damalige Chorraum blieb vom Umbau unberührt, wurde jedoch 1907 abgerissen. Am Sonntag, dem 7. Juli 1720, wurde die Kirche neu geweiht und der Kirchweihtag auf den Sonntag nach Mariä Heimsuchung (2. Juli) festgelegt. In den Jahren 1907/1908 veränderte sich die äußere Gestalt der Kirche noch einmal wesentlich durch den Anbau von Seitenschiffen und die Vergrößerung des Chorraums. Eine Inschrift im Boden erinnert heute an den früheren Standort des Altares.
Eine kleine Besonderheit in der Pfarrkirche zu Laubenheim bietet der Kreuzweg. Die Motive der 14 Stationen orientieren sich an den vom Rottenburger Bischof Johann Baptist Keller veröffentlichen Anweisungen zur künstlerischen Umsetzung der Leidensgeschichte Jesu. Der Bischof hatte einige wenige vorbildliche Darstellungen genannt, nach denen sich die von den einzelnen Pfarreien beauftragten Künstler zu richten hatten, darunter auch die Kreuzwegbilder von Joseph Ritter von Führich. Der Kreuzwegzyklus in Laubenheim entstand teils nach diesem Vorbild, teils auch nach den Vorstellungen des unbekannten Künstlers, allerdings nicht als Gemälde, sondern in der seltenen, teueren Form der Holzschnitzerei. Bemerkenswert ist auch, dass die ursprünglichen Rahmen der Bilder bis heute erhalten geblieben sind.

Kreuzweg-Motiv

Beim Hinausgehen entdecken die Augen eines aufmerksamen Betrachters die Figur des Erzengels Michael an der Treppe zur Empore. Die Sandsteinskulptur zeigt den Erzengel in der imposanten Darstellung als Drachentöter. Der Erzengel ist gekleidet im liturgischen Ornat mit Albe, Dalmatika, Pluviale und Stola. Der Kopf mit dem dichten, lockigen Haar wird von einem Diadem geschmückt. Entgegen

der Kampfhandlung blickt Michael ruhig nach vorne zum Betrachter. Der Drache, dessen Körper aus drei ineinander übergehenden Bestienköpfen gearbeitet ist, beißt in die Spitze des Schildes. Der Schutzschild, in einer typisch spätmittelalterlichen Form, ist mit dem plastisch vortretenden Kopf eines Löwen geschmückt, der als Symbol für Stärke und Unbesiegbarkeit gilt.
Die genaue Herkunft der Skulptur ist unbekannt. 1979 wurde sie anlässlich der Renovierungsarbeiten aus einem Privatbesitz heraus der Kirche geschenkt. So unscheinbar die verwitterte Figur an ihrem Platz wirkt, zählt sie zu den ältesten Stücken der Laubenheimer Kirche. Mit großer Wahrscheinlichkeit fertigte sie der namentlich nicht bekannte „Meister der Mainzer Kreuzzeptermadonnen" im 15. Jahrhundert. Darauf weisen Ähnlichkeiten der Figur mit einer Engelsdarstellung über dem Portal der Kirche zu Kiedrich im Rheingau hin.
Nicht versäumen sollte der Besucher schließlich die herrliche Aussicht über Laubenheim und das Rheintal, die sich von der Ostseite der Kirche darbietet.

Eva Maria Hofmann

MARIÄ HEIMSUCHUNG MAINZ-LAUBENHEIM
Pfarrer-Goedecker-Str. 29
55130 Mainz-Laubenheim
Gottesdienst:
Samstag 18 Uhr
Sonntag 10.30 Uhr
Öffnungszeiten:
zu den Gottesdiensten
Kontakt:
Tel. 06131/98760-0
Fax: 06131/98760-20
info@pfarrei-mz-laubenheim.de
www.pfarrei-mz-laubenheim.de
Ein eingeschränkt barrierefreier Zugang ist über den Friedhof möglich.

St. Josefskapelle im Städtischen Altersheim

Im Herzen der Mainzer City, auf der Rheinseite des Kaufhofes gelegen, ist am Ende der Kleinen Quintinsgasse und Hinteren Christophsstraße die Josefskapelle zu finden. Ursprünglich erbaut als Kapelle des Jesuitennoviziats ist sie heute Gotteshaus des Städtischen Altenheims: In wohl einmaliger Nutzung feiern im Erdgeschoss die evangelischen und im ersten Stockwerk die katholischen Christen ihren Gottesdienst.

St. Josef selbst als Namensgeber der ganzen Kapelle ist über dem Portal zu finden. Der reich verzierte Portalrahmen aus rotem Sandstein integriert die Figur, die das Jesuskind auf dem Arm trägt und zu deren Füßen ein Putto mit den Attributen des Heiligen Josef sitzt: mit den Schreinerwerkzeugen Winkel und Hobel. Auf dem Sockel ist auf einer rollwerkgerahmten ovalen Tafel zu lesen: S. Josef und die Jahreszahl 1720.

Insgesamt hat die Figur große Ähnlichkeit mit Arbeiten von Burkhard Zamels, z.B. mit der Rochusfigur an der Kapelle des Rochusspitals hier in Mainz, so dass man ihn als Künstler vermutet. Die ursprüngliche reichverzierte Eingangstür der Kapelle ist 1942 verbrannt. Eine Kopie von 1956 ist an ihre Stelle getreten.

Eine wechselvolle Geschichte liegt also hinter dieser kleinen Kapelle: Im Jahre 1715 legte Kurfürst Lothar Franz von Schönborn selbst den Grundstein; 1719 wurde die Hauskapelle für das Mainzer Jesuitennoviziat durch Weihbischof Edmund Geduld von Jungenfeld geweiht. Schon im Jahre 1723/24 wurde ein Stockwerk der Kapelle zur Unterbringung der Bibliothek errichtet, was noch heute gut zu sehen ist, da die schmalen Pilaster an den freistehenden Ekken des Gebäudes nur noch bis etwas über die hohen Kirchenfenster reichen.

Nach Aufhebung des Jesuitenordens in Mainz wurde das Priesterseminar in den Räumlichkeiten untergebracht, die Josefskapelle wurde Hauskapelle der Seminaristen. Nach den Umbrüchen der napoleonischen Zeit gab es hier zeitweilig eine Zentralschule und das Lyzeum; später das Militärkrankenhaus, eine preußische Kaserne, dann wieder unterschiedliche Schulen. 1848/49 wurde das Invalidenhaus von Mainz hier untergebracht: dann wurden die Hospitaliten des Rochusstiftes hierher verlegt. Seither diente der gesamte Häuserkomplex unterschiedlichen karitativen Einrichtungen; für die Kapelle selbst gab es einen eigenen Geistlichen; eine ständige Messe wurde errichtet. Heute ist hier das Mainzer Altenheim.

Wie so viele Kirchen brannte das Gebäude 1942 vollständig aus. Dem damaligen Landeskonservator ist der Wiederaufbau in den Jahren 1954/55 zu verdanken. Es wurde eine Betondecke in die Kapelle eingezogen, und die Fenster des Bibliotheksgeschosses wurden rechteckig statt wie ursprünglich rund gebaut, der Raum unter dem Dach wurde nicht weiter genutzt. Seither aber gibt es hier die wohl einmalige „ökumenische" Kapelle in Mainz, in der Christen der beiden unterschiedlichen Konfessionen ihre Gottesdienste zeitgleich feiern

– und zwar übereinander.
Die Ausstattung von St. Josef ist im Kriege gänzlich verloren gegangen. Bilder der ursprünglich reichen Stukkatur und Ausmalung existieren nur noch in Büchern. Die einstmals drei Altäre der Kapelle aber befinden sich seit 1817 in der Katholischen Pfarrkirche in Laubenheim als Geschenk des damaligen Mainzer Bürgermeisters.

Altarraum

Ein Abendmahlskelch mit den Leidenswerkzeugen aus dem Jahre 1716, ehemals im Besitz des Jesuitennoviziates, ist jetzt im Domschatz zu sehen.
Im katholischen Gottesdienstraum der Kapelle fällt die überdimensionale, holzgeschnitzte Josefsfigur mit Jesuskind und Lilie ins Auge.
Auf der rechten Seite des Hauptaltars befindet sich die Kopie einer sogenannten "Traubenmadonna" nach dem Vorbild der "schönen Hallgartnerin", einer Madonna mit Scherbe und dem Jesuskind, das eine Traube mit Blatt in der Hand hält. Diese auch unter dem Namen "Schrötermuttergottes" bekannte Kopie geht auf eine Stiftung der Weinschröterbruderschaft in Hallgarten zurück und knüpft an eine Legende an.

In die Jahre gekommen, wartet die Josefskapelle heute auf ihre äußere und innere Renovierung, auch um seniorengerechter ausgestattet zu werden

Heidemarie Beier, ev. Pfarrerin und Bruno Knapp, kath. Pfarrer

KATHOLISCHE ST. JOSEFSKAPELLE
Altenauergasse 7
(städt. Altersheim)
55116 Mainz
Gottesdienst
Sonn- u. Feiertage: 9.15 Uhr
Öffnungszeiten
Zugänglich über den Haupteingang des Städt. Altersheimes
Ganztägig geöffnet
Kontakt
Tel.: 06131/28 55-0

Hochaltarbild: Himmelfahrt Mariens

Wer die Kirche St. Georg in Mainz-Bretzenheim besucht, betritt alten kirchlichen Grund und Boden. Nach einer Urkunde aus dem Jahre 775 stiftete eine (adelige?) Frau „Ada" dem Kloster Fulda eine in ihrem Eigenbesitz befindliche, Christus, dem Erlöser („Salvator"), geweihte Kirche. Diese Kirche stand in der Flucht des Kirchturms, dessen unteres Geschoss damals der Chorraum war.

Die äußere Gestalt der heutigen Kirche fußt auf einem im Jahre 1722 eingeweihten barocken Neubau. Während der französischen Besatzung von Mainz 1792/93 wurden die Kirche und der südlich in Höhe des Chores befindliche Turm in Brand gesetzt, so dass die wertvolle barocke Innenausstattung verloren ging. Der Kirchturm wurde 1896 um ein Geschoss aufgestockt und erhielt eine Welsche Haube. Er beherrscht noch heute wohltuend den alten Ortskern.

Im Zuge einer Umgestaltung der Kirche in den 1960iger Jahren wurden u. a. an den Turm eine (neue) Sakristei und an ihrer Westseite eine ursprünglich als Taufkapelle vorgesehene Eingangshalle angefügt. Auch das Innere der Kirche wurde geräumiger und heller gestaltet. So wurden u. a. der Hochaltar, die beiden Seitenaltäre sowie die Kanzel entfernt.

Der heutige Besucher wird beim Betreten der Kirche eingefangen von der hellen, lichten Weite des Raumes, der durch seine sparsame, doch qualitätvolle - weitgehend barocke - Ausstattung besticht. Das Hochaltarbild mit der Darstellung der Himmelfahrt Mariens ist eines der wenigen erhaltenen Bilder des bedeutenden süddeutschen Barockmalers Johannes Zick. Der schmale barockisierte Altaraufsatz ist so schlicht gehalten, dass er gleichsam allein als Bildrahmung empfunden werden kann. Der in der Mitte des Chores stehende Zelebrationsaltar entspricht in seinen Formen dem Sarkophag auf dem Marienbild. Dieses stammt ebenso wie die beiden großen figürlichen Darstellungen des Hl. Josef mit dem Kind und des Hl. Bernhard von Clairvaux, die auf beiden Seiten des Hochaltars zusammen mit zwei Girlanden haltenden schwebenden Engeln ihren Platz gefunden haben, aus dem im Zuge der Säkularisation aufgelassenen Dalheimer Kloster der Zisterzienserinnen in Zahlbach.

Über dem linken Seitenaltartisch beeindruckt ein modern gestaltetes Flachrelief aus Silber auf dem dort in die Wand eingelassenen

Tabernakel, dessen Aussagegehalt wohl erst bei naher Betrachtung erkennbar wird. Die Inschrift „Ecce Agnus Dei; qui tollis peccata mundi" am Fuß weist auf das Lamm Gottes hin, das jeweils in der Mitte der beiden herausgetriebenen Kreuze dargestellt ist. Auf die Gegenwart Christi imTabernakel verweist das brennende „Ewige Licht" in der wertvollen Ampel aus dem Jahre 1698, die - wie der aufgebrachten Gravur zu entnehmen ist - vom damaligen Rektor der Mainzer Universität dem Allerheiligsten zur größeren Zierde („pro maiori ss. sacramenti decore, ...") gestiftet worden ist. Über dem Tabernakel hängt ein großes altes Missionskreuz mit dem gekreuzigten toten Christus, dessen kraftvolle Gestalt bereits die Auferstehung und neues Leben verkörpert.
Als Pendant hierzu befindet sich an der Wand über dem rechten Seitenaltartisch ein weiteres silbernes Flachrelief mit dem Prolog aus dem Johannes-Evangelium in griechischer Schrift („Im Anfang war das Wort, ... durch das Wort ist alles geworden"), in das ein großer Achat als Symbol alles Bestehenden, gehalten vom Arm des menschgewordenen Gottes, eingebettet ist. Darüber ist als Halbrelief eine großartig gestaltete Madonna angebracht; prächtig gewandet, von Engeln (Putten) begleitet, das hoch erhobene Haupt umkränzt von zwölf Sternen (Offenbarung Kapitel 12, Vers 1), auf der Weltkugel stehend, siegreich der Schlange den Kopf zertretend. Diese Madonna konnte im Rahmen der Neugestaltung der Kirche in den 1960er Jahren aus dem Würzburger Raum erworben werden.
An der Decke des Kirchenschiffs befindet sich - in ein Medaillon eingefasst - ein stark eingedunkeltes Fresko mit der Darstellung der Krönung Mariens.
St. Georg, der Patron der Kirche, lebte in der Frühzeit des Christentums wohl in Palästina und ist den Märtyrertod gestorben. Das Patrozinium (Festtag: 23. April) geht möglicherweise auf die Zeit der Kreuzzüge zurück, in welcher er als Schirmherr der Ritter und Kreuzfahrer sehr verehrt wurde. Eine Georgs-Figur ist 1975 als Nachbildung eines 1770 geschaffenen Originals, das sich in der Pfarrkirche zu Dienheim bei Oppenheim befindet, gestiftet worden. St. Sebastian ist der zweite Schutzherr, dessen Figur aus der Entstehungszeit der Kirche stammt. Beide Patrone haben im vorderen Teil des Kirchenschiffs - sozusagen als verbindende Glieder zwischen Altar- und Gemeinderaum - ihren Platz.
Die beiden Figuren auf den Beichtstühlen stellen den Hl. Augustinus (Kirchenlehrer) und den Hl. Franz Xaver (Missionar) dar. Die Herzen in ihren Händen symbolisieren den Aufruf zu persönlicher Umkehr und Hinwendung zu Gott. Weitere figürliche Darstellungen sind die heiligen Barbara (im Chor) sowie Justina und Aureus (unter der Empore). Eine Figurengruppe „Anna Selbdritt" mit dem Ball spielenden Jesuskind befindet sich in einer Nische der linken Seitenwand des Kirchenschiffes; sie stammt möglicherweise ebenfalls aus dem Kloster Dalheim (s. o.).
So wird eine über den gesamten Kirchenraum verbreitete „Gemeinschaft der Heiligen" aussagekräftig ins Bild gebracht.

Die jetzige Orgel aus dem Jahr 1978 verfügt über 32 Register, die auf drei Manuale und das Pedal verteilt sind. Sie wird öfter auch zu Orgelkonzerten benutzt. So erklingt sie nicht nur in den Gottesdiensten, sondern auch bei geistlichen Konzerten zum Lobe Gottes. Zu dessen Lob und zur Begleitung durch unser Leben erklingt auch das Geläut der drei Glocken im Kirchturm: als Einladung zu Gottesdiensten, bei Hochzeiten, Beerdigungen und als Stundenschlag. Eine vierte (defekte) Glocke, die älteste aus dem Jahr 1798, fristet ihr Gnadenbrot in der Kirche unter der Empore.

Georg Dydek

KATH. PFARRAMT ST. GEORG
An der Wied 9
55128 Mainz-Bretzenheim
Gottesdienst:
Samstag: 18 Uhr
Sonntag: 11 Uhr
(jährlicher Wechsel: 9.30)
Öffnungszeiten (Vorraum):
dienstags 8 - 17 Uhr
mittwochs 9 - 12 Uhr
donnerstags 9 - 18.30 Uhr
freitags 8.30 - 17 Uhr
Kontakt:
Tel.: 06131/3 48 03
Fax: 06131/36 84 67
E-Mail: st.georg-mainz@t-online.de
barrierefreier Zugang

Wenn man von außerhalb nach Mainz-Ebersheim kommt, steht jeweils am Ortseingang ein Stein, der das Ortswappen von Ebersheim trägt. Es zeigt einen stilisierten Feuerrost, der auf den hl. Laurentius und sein Martyrium verweist. Laurentius ist auch der Patron der katholischen Pfarrkirche und in der Kirche selbst mehrfach dargestellt. Der älteste Teil der Kirche ist das 1724-1729 erbaute Mittelschiff. Wohl aus Geldmangel wurde damals kein Kirchturm errichtet sondern erst 1768 an die Kirche angebaut. Der Turm ist mit seiner Höhe von 42 m und einer großen Uhr nach allen 4 Seiten von weither sichtbar. Im Jahre 1908 wurde die Kirche erweitert, wobei das Kirchenschiff verlängert und Seitenschiffe sowie ein neuer Chor angebaut wurden.

Wenn man durch das Hauptportal die Kirche betritt, kommt man zunächst in das sog. „Glockenhaus". Früher hingen hier die Läuteseile der 3 Glocken. Rechts hängt ein großes Kreuz aus dem späten 18.Jh. An dem Kreuz sind Jahreszahlen, die auf sog. Volksmissionen hinweisen, die damals zur geistlichen Erneuerung der Gemeinde abgehalten wurden.

Beim Betreten des Kirchenschiffes fällt der Blick vor allem auf den 12 m hohen barocken Hochalter. Er stammt aus der Zeit um 1670, stand früher in der Kirche St. Quintin in Mainz und kam 1793 nach Ebersheim. In der Mitte des Altaraufbaues ist ein großes Ölbild, welches das Martyrium des hl. Laurentius auf dem Feuerrost darstellt. Oben im Altar ist ein Bild mit Jesus am Kreuz und Maria von Magdala.

Hl. Laurentius

Den Hochaltar schmücken aus Holz geschnitzte Figuren: oben links Maria als Königin der Martyrer, rechts der Lieblingsjünger Johannes, unten links Johannes der Täufer, rechts Rochus, Schutzpatron vor der Pest.

Die zwei Seitenaltäre der Kirche stammen aus der Mitte des 18. Jh. Auf der linken Seite steht ein Marienaltar mit einer aus Holz geschnitzten barocken Madonna mit Kind, links der hl. Nepomuk, rechts der hl. Aloysius. Oben im Altar ist ein Bild, auf dem Maria dem hl. Dominikus den Rosenkranz überreicht, wie in einer alten Legende über die Herkunft des Rosenkranzes erzählt wird.

Auf der rechten Seite steht ein

Barocker Hochaltar (um 1670)

Nikolausaltar. Am Fuß des aus Holz geschnitzten Heiligen ist ein Fass, aus dem drei Schüler blicken. Die Legende erzählt, Nikolaus habe einmal drei Schüler wieder zum Leben erweckt, die in einem Gasthaus, in das sie eingekehrt waren, von dem verbrecherischen Wirt getötet und in ein Fass gesteckt wurden. Links auf dem Altar steht die hl. Katharina mit dem Rad, auf dem sie der Legende nach gefoltert worden war, rechts die hl. Margarethe, zu ihren Füßen ein wildes Tier, das den Teufel symbolisiert, den die Heilige der Legende nach mit dem Kreuzzeichen besiegt hatte. Oben im Altar ist noch das Bild der hl. Barbara mit einem Turm, in den sie der Legende nach eingesperrt worden war, sowie ein Kelch mit Hostie, denn niemand, der Barbara anruft, sollte ohne Sakramentenempfang sterben. Katharina, Margaretha und Barbara gehören zu der Gruppe der sog. 14 Nothelfer.
Im Kirchenschiff gibt es noch weitere bemerkenswerte Figuren, die aus der Mitte des 18. Jh. stammen: vorn links an der Kanzel der hl. Laurentius, gegenüber vor dem Taufstein Johannes der Täufer. Im Kirchenschiff links vorn ist Maria mit dem Jesuskind, hinten der Apostel Petrus, gegenüber auf der rechten Seite der Apostel Bartholomäus, in der Mitte Antonius der Einsiedler. Diese und wohl auch andere Figuren stammen aus einer früheren Kapelle im "Töngeshof" in Ebersheim. Dieser ehemalige Gutshof war früher im Besitz des Antoniterklosters in Alzey. Von daher kam der Name Antoniushof, der im Laufe der Zeit zu "Töngeshof" abgeschliffen wurde.
Im Jahre 1925 wurde die Kirche ausgemalt und an der Decke drei Szenen aus dem Leben des hl. Laurentius dargestellt. Das vordere

Deckengemälde stellt den Abschied des Laurentius von Papst Sixtus II. dar, der um seines Glaubens willen verhaftet und in Ketten abgeführt wird. Das mittlere Bild zeigt Laurentius dem römischen Statthalter, der die Auslieferung der Schätze der Kirche von Laurentius verlangt hatte. Laurentius, der als Diakon für die Armenpflege zuständig war und die dazu notwendigen Güter verwaltete, hatte deshalb alle Armen der Stadt zusammengerufen und zeigte sie dem Statthalter als die wahren Schätze der Kirche. Auf diesem Bild ist auch der damalige Ebersheimer Pfarrer Anton Singer mit seinem Kaplan dargestellt. Das hintere Deckengemälde zeigt die Verurteilung des Laurentius zum Tod, da er den Götzen nicht opfern wollte. Auf dem Fries um die Decke der Kirche sind in 15 Bildern die Gesetze des freudenreichen, schmerzhaften und glorreichen Rosenkranzes dargestellt.
Die beiden Fenster rechts und links hinten in der Kirche sind 1903 für die Kirche gestiftet worden. Die übrigen Kirchenfenster sind von 1966, in die jeweils ein Bild aus den alten Fenstern von 1903 eingefügt wurde.
Die Orgel in der Kirche stammt von dem Orgelbauer Joseph Anton Onimus aus der 2.Hälfte des 18. Jahrhunderts, wurde aber im Laufe der Zeit mehrmals umgebaut.

Pfarrer Dr. Hugo Schwalbach

ST. LAURENTIUS
Römerstr.21
Mainz-Ebersheim
Gottesdienst:
Samstag 18 Uhr
Sonntag 9.30 Uhr
Öffnungszeiten:
Kirche ist sonntags bis 18 Uhr geöffnet.
Kontakt:
Pfarrbüro: Tel. 06136/ 43465
Email: St.Laurentius.Mainz-Ebersheim@onlinehome.de

Eine Besonderheit der Katholischen Kirche in Drais ist ihre bedeutsame und zugleich wechselvolle Geschichte.
Ursprünglich stand hier die Hauskapelle eines fränkischen Adelshofes, der in karolingischen Zeiten Teile des Königswaldes, einen Bannforst der Ingelheimer Kaiserpfalz, verwaltete. Durch eine Schenkung kam das Anwesen später in klösterlichen Besitz. Im Jahre 1670 erwarben die Jesuiten das auf der Hochebene liegende Klostergut, um in den damals unsicheren Zeiten einen gesunden Zufluchtsort zu finden und zugleich als Selbstversorger unabhängig zu bleiben. Kurfürst Daniel Brendel von Homburg hatte den Orden zur Belebung der Universität und des Katholischen Glaubens nach Mainz geholt.
Die Jesuiten, die mit dem Kauf des Klosterhofes auch die Seelsorge für Drais übernommen hatten, legten das in den Wirren des 30-jährigen Krieges heruntergekommene Gotteshaus nieder und errichteten von 1737 bis 1738 an gleicher Stelle, direkt über dem Heiligtum des Vorgängeraltares, eine im Grundriss doppelt so große Kirche. Nach Auflösung des Jesuitenordens (1773) und der folgenden Säkularisation war die Draiser Pfarrei von 1797 bis 1952 eine Filiale von Finthen. Zur symbolischen und rechtlichen Beendigung der mittelalterlichen Pfarrei Drais wurde damals der historische Taufstein nach Finthen beordert, wo er bis heute in der Pfarrkirche St. Martin aufgestellt ist.

Madonna mit Kind (um 1740)

Die schlichte spätbarocke Saalkirche setzt sich trotz einfacher Architekturdetails mit ihrer turmbekrönten Giebelfront zur Straße hin kraftvoll in Szene. Gesteigert wird dieser Eindruck durch den Rahmen der mächtigen Bäume und die Stützmauern des Geländes, die teilweise den ursprünglichen Friedhof markieren. Das südliche Seitenschiff mit Nebeneingang und Sakristei ist eine Erweiterung von 1934, die den grundsätzlichen Charakter des Hauptgebäudes geschickt aufnimmt. Im Inneren erhält das Hauptschiff durch den dreiseitigen, raumbreiten Ostchor, die gegenüberliegende Westempore, die Rundbogenfenster und die kaum vortretenden Wandpfeiler eine klare Gliederung, die

dem äußeren Erscheinungsbild entspricht.
Die Kirche wurde während der Französischen Revolution geplündert und 1794 sogar als Stall missbraucht. Aus diesen Gründen sind von der ursprünglichen Innenausstattung nur wenige Elemente erhalten. Zum einen ist es die in der Tradition der Spätgotik gestaltete, aus Ton gebrannte und übermalte Pieta (zweite Hälfte des 17. Jahrhunderts) im Seitenschiff. Beherzte Draiser hatten sie seinerzeit vor der Zerstörung gerettet. Zum anderen ist es das an der Nordwand, unterhalb der Empore angebrachte „Pesttuch" von 1632, das im Zusammenhang mit der verheerenden Epidemie zwischen 1632 und1635 stehen dürfte. Auf einem Seidentuch ist mit Goldfäden

Pieta (17. Jh.)

ein Totenkopf vor gekreuzten Gebeinen gestickt. Die lateinische Inschrift lautet: VIVIT POST FUNERA VIRTUS (Es lebt nach dem Tode die Tugend).
Raumbeherrschender Mittelpunkt des Kirchenschiffes ist der barokke, dreigeschossige Hochaltar (um 1730), ein 1844 erworbener, ehemaliger Seitenaltar von St. Quintin in Mainz. In seinem Mittelteil ist als farbiges Holzrelief die Himmelfahrt Mariens und im Oberteil als Ölbild ihre Krönung durch die Heilige Dreifaltigkeit dargestellt. Als wohl einmalige Kuriosität kommt hier der Heilige Geist in Gestalt einer Taube gleich zweimal vor – sicherlich das Ergebnis einer unbedachten Überarbeitung. Zwei aus Holz geschnitzte, stark vergoldete Statuen flankieren als Patrone der Kirche den Chor. Rechts die Figur des Heiligen Petrus (um 1740), dem ursprünglichen Beschützer und links Maria Königin (um 1740), der das Gotteshaus seit 1974 geweiht ist. Bemerkenswert ist die dreiteilige Orgel (1874) auf der Empore. Sie ist ein Meisterwerk von Johannes Schlaad, die viertälteste, weitgehend original erhaltene Orgel von Mainz, und wird heute noch gespielt.
Das große Kruzifix (1862) und die Figurengruppe der Vierzehn Nothelfer (um 1830) an der Nordseite stammen aus der Maria-Hilf-Kapelle, die zwei Draiser 1861 am südlichen Ortseingang als Zeichen der Heiligenverehrung gespendet haben. Diese Kapelle (Ober-Olmer-Straße 24), die wie eine Verkleinerung der Hauptkirche anmutet, gehört heute ebenfalls zur Pfarrei, wird aber nur zu besonderen Anlässen genutzt. Die sechs Glasfenster (1992), die einen Zyklus aus dem Marienleben darstellen, stammen von der isländischen Künstlerin Halla Haraldsdottir, einer ehemaligen Mitarbeiterin von Georg Meistermann.
1982 wurde neben der Kirche das nach Kardinal Herrmann Volk benannte Gemeindehaus errichtet und so die traditionsreiche Pfarrei von Drais mit einem lebendigen Gemeindezentrum erweitert.

Dr. Rainer Metzendorf

KATHOLISCHE KIRCHENGEMEINDE
"MARIA KÖNIGIN" MAINZ-DRAIS
Daniel-Brendel-Straße 1 - 5
55127 Mainz-Drais
Gottesdienst:
1. und 3. und ggf. 5. Wochenende
Sonntag 10.30 Uhr
2. und 4. Wochenende
Samstag 18 Uhr und
am Sonntag 9 Uhr
Öffnungszeiten:
Sonn- und Werktags von 12-18 Uhr
Kontakt:
Telefon: 06131/476569
Telefax: 06131/476891
E-Mail: mariakoenigin@gmx.de

Für den Flecken, den wir heute unter dem Namen „Weisenau" kennen, lässt sich eine Siedlungs-Kontinuität bis in die Zeit vor dem Einzug der Römer nachweisen. Das Dorf war bis zum Ende des 12. Jahrhunderts schon zu einer gewissen Bedeutung gekommen, die mit dem ausgehenden 10. Jahrhundert begonnen hatte. Ursache war die Gründung eines Kollegiatstiftes durch Erzbischof Willigis im Jahre 994 auf der Rheinhöhe über dem Dorfe. Es war das später hochgeehrte Stift St. Victor. Willigis hatte einen seiner begabtesten Schüler mit Namen Burchard als ersten Stiftspropst ausersehen und ihn deshalb mit Gütern im Umfeld des Stiftes, vor allem mit dem Dorfe Weisenau ausgestattet. Damit war der Grundstein für eine enge, tiefgreifende und Jahrhunderte währende Verbindung zwischen Dorf und Stift gelegt. Dass das Stift gerade an jener Stelle über Weisenau entstand, beruht auf der Existenz einer Kapelle gleichen Namens, die u.U. bis in die Römerzeit zurück reicht, und bei der sich immer wieder namhafte Kleriker aufhielten, die sich mit kirchlichen und anderen bedeutenden wissenschaftlichen Studien beschäftigten.

Unter Burchard wird es zum Bau einer Dorfkirche gekommen sein, denn er brachte, wie berichtet wird, „das Dorf empor". Unter Propst Werner von Bolanden wurde sie 1312 in das Victorstift inkorporiert; fortan musste das Stift die Dorfpfarrei durch einen seiner Vikare versehen lassen. Ab 1552 aber wurde in der der Maria geweihten Kirche protestantisch gepredigt; erst 1636 wurde sie rekonziliiert. Dem katholischen Gottesdienst stand in jener Zeit nur das Victorstift zur Verfügung. Die Weisenauer Katholiken haben sehr wahrscheinlich nie wieder den Weg zurück in ihre Marienkirche gefunden, denn sie bauten 1740 ein gutes Stück oberhalb eine neue Kirche. Es war eine reine Barockkirche mit einem Dachreiter, die der Himmelfahrt Mariae geweiht wurde. Sie ist auch heute noch die Pfarrkirche der Weisenauer katholischen Gemeinde.

Während der Belagerung von Mainz, nämlich am 16. April 1793, brannte diese Kirche total aus; die infolge der Ereignisse der Kriegs- und Nachkriegszeit völlig verarmte Gemeinde konnte sie erst 1825 wieder aufbauen. 1912 wurde die Kirche um ein kleines Querschiff mit Empore und Taufkapelle und vor allem um den etwa 45 Meter hohen Glockenturm erweitert.

In dieser Form zeigt sich die Kirche noch heute, aber am 27. Februar 1945 traf sie erneut großes Ungemach. Bei einem Fliegerangriff wurde sie von zahllosen Brandbomben getroffen, so dass Chor, Sakristei, Schiff und Turm total ausbrannten. Der Wiederaufbau begann schon 1948, aber die Weihe der Kirche war erst am Tage Mariae Himmelfahrt des Jahres 1951 möglich. Im Rahmen einer großen inneren und äußeren Renovierung erhielt die Kirche 1982 auch die markante Farbgebung, wie wir sie heute kennen. Zusammen mit ihrer hervorragenden Lage auf dem Rheinhöhenzug ist vor allem der neuklassizistische Turmtrakt ein für den Betrachter außerordent-

Blick in den Innenraum von Mariä Himmelfahrt

lich wirksamer und die Umgebung prägender Baukörper.
Insgesamt gesehen ist die Kirche nach Darstellung der Denkmaltopografie ein stattlicher nach Südosten gerichteter Saalbau mit eingezogenem, dreiseitig geschlossenem Chor, klar gegliedert mit Rundbogenfenstern zwischen Pilastern. Der Turm trägt, wie schon vor dem Brand am 27. Februar 1945, ein einfaches Pyramidendach. Chor und Schiff sind im Inneren flachgedeckt. Markant ist die Wandgestaltung mit kolossalen Fensternischen.
Die Kirche besitzt dank rechtzeitiger Auslagerung noch einige Holzplastiken aus dem 18. und 19. Jahrhundert, einen um 1936 handgeschnitzten Kreuzweg und, als wertvollstes Objekt, einen holzgeschnitzten Kruzifixus aus der Zeit um 1530. Eine Sandstein-Immaculata aus dem 18. Jahrhundert kam erst nach 1970 in die Kirche. Die Darstellungen in den Fenstern des Kirchenschiffs erzählen uns vom Alten Bund entlang der Rhein-Seite und vom Neuen

Bund auf der gegenüber liegenden Seite. Die Fenster im Emporen-Bereich sind der Patronin der Kirche, der Maria gewidmet. Vier Fenster des Chores sind in Blautönen gehalten, die auf die Feier der Eucharistie einstimmen sollen. Das fünfte, mittlere Fenster wurde erst 2002 in die zuvor geschlossene Wand gebrochen. Historisches Bildmaterial gab den Anlass dafür. Die Farbgebung greift die Blautönung der angrenzenden Fenster zurückhaltend auf, mündet aber großflächig in leuchtendes Gelb als Zeichen des Lichtes und des Lebens.
1996 wurde die Kirche mit einer neuen Orgel aus der Werkstatt von Heinz Wilbrand, Übach-Palenberg, ausgestattet. Sie besitzt vier La-

Das mittlere Chorfenster

den, drei Manuale, 1782 Pfeifen, 27 Register und ein Nebenregister in Form eines Zimbelsterns mit neun Klangschalenglocken.
Als Ausgleich für Verluste im ersten Weltkrieg bekam die Kirche 1925 ein neues Geläute. Es umfasste damals vier aufeinander abgestimmte Glocken und ein kleines Wandlungsglöckchen. 1941 wurde das Geläute begutachtet und als musikalisch besonders wertvoll bezeichnet, aber dessen ungeachtet mussten 1942 die drei großen Glocken und das Wandlungsglöckchen abgeliefert werden. Das kleine Glöckchen wanderte sofort in den Schmelzofen, die drei anderen, großen fand man 1947 auf dem so genannten Hamburger Glockenfriedhof; das Gutachten von 1941 hatte sie vor dem Untergang bewahrt. 1948 waren sie wieder zu Hause, aber der Glockenturm war noch eine ausgebrannte Ruine. Trotzdem beförderte man sie alsbald in den erhalten gebliebenen Stahl-Glockenstuhl, wo noch die vierte Glocke des Geläutes hing. Das Feuer hatte ihr nicht geschadet. Im Jahre 2000 wurde über eine Spendenaktion eine fünfte mit dem Stammgeläute harmonisierende Glocke angeschafft. Das Geläute erklingt heute in den Tönen c, es, f, g und b bei einem Gesamtgewicht von fast sieben Tonnen. Die größte, die Marienglocke, wiegt alleine drei Tonnen.
Ungeachtet aller markanten Profile zeigt sich die Kirche bescheiden. Frieden und Freude am Leben will sie vermitteln, und das gelingt ihr auch mit den hellen, lichten Farben, die ihr gegeben sind und mit denen sie ihre Gäste erwartet. Blättert man in ihrer Geschichte, dann ist es, als wollte sie bewusst in ihren heutigen Formen und Farben erscheinen – sie, die immer reich ausgestattet war und zweimal alles verloren hat. Aber immer wieder ist neues Leben aus den Ruinen erblüht.

Max Brückner

PFARRKIRCHE MARIÄ HIMMELFAHRT MAINZ-WEISENAU
An der Kirche / Jakob-Sieben-Str.
Gottesdienst:
samstags 17 Uhr Winterzeit
18 Uhr Sommerzeit
sonntags 10.30 Uhr
Öffnungszeiten:
8-17 Uhr
KATH. GEMEINDEHAUS AN DER MARTINUSSCHULE
Christianstraße 56
Gottesdienst:
sonntags 9 Uhr
jeweils barrierefreier Zugang.
Kontakt:
Tel. 06131/8 51 62
Fax 06131/83 25 94
E-mail: kath.pfarramt.weisenau@t-online.de
www.pfarrei-weisenau.de

„Weit über alle Land" reckt die St. Georgskirche ihren Turm und gibt damit Zeugnis, dass hier ein Ort ist, an dem sich Menschen versammeln, um Gott zu loben und zu preisen, um ihm zu danken und ihn zu bitten. Ein fünf-stimmiges Geläut ruft die Gläubigen zur Eucharistiefeier und zur Andacht, erinnert an Taufe und Tod, an Freude und Leid.
Mächtig steht die Kirche, frei, von Grün umgeben. Ein Pestkreuz an der Außenmauer weist hin auf die Schreckensjahre im 17. Jahrhundert. Ein gotisches Fenster erzählt von der bewegten Baugeschichte der Kirche.
Durch eine unscheinbare Pforte treten wir ein in ein Licht durchflutetes Gotteshaus, in einen Festsaal für die Feier der Liturgie. Majestätisch nimmt ein Barockaltar unseren Blick gefangen. Ein Prozessionsweg führt durch das im 18.Jahrhundert errichtete Langhaus in ein breit ausladendes, im vorigen Jahrhundert gebautes Querschiff. In dessen Mittelpunkt steht ein, einem Tisch nachempfundener mit Cosmatenarbeit geschmückter Marmoraltar. Es ist der Zelebrationsaltar - mitten in der Gemeinde -, an dem in der Eucharistiefeier Tod und Auferstehung Christi vergegenwärtigt werden.
Über dem Altar fasziniert ein Kreuz. Bewusst lenkt es unseren Blick von der goldglänzenden himmlischen Weltlichkeit des Barockaltars auf die dramatische Realität des Karfreitags. Dem Kreuz wurde durch viele Balken ein Rahmen gegeben, es wurde in einen Raum gestellt, hat eine Dimension erhalten. Hier an dem Kreuz über dem Altar ist er, der Herr der Welt, Christus der König des All, in seiner verkrümmten, Schmerz schreienden Körperlichkeit die Mitte. Der Speerstoß des Longinus lässt Blut und Wasser strömen. Die Realität des Todes wird Wirklichkeit. Das Gotteslamm ist hingeschmettert, hat alle Schuld auf sich genommen, ist Sündenbock geworden. Vernichtet liegt es am Boden. Das Aus ist da. Nein!
Aus lignum crucis wird lignum vitae. Wir sehen die Antithese vom Tod bringenden Baum zum Leben bringenden Baum. Neues Leben wird. Die Kraft der Erlösung wird offenbar. Neues Leben der Erlösung sprießt aus dem Blut durchtränkten Holz des Todes. (Kreuz und Zelebrationsaltar wurden geschaffen von Karl Matthäus Winter, Limburg).
In der Gewissheit, erlöste Menschen zu sein, lassen wir uns wenige Schritte weiter von dem mächtigen Barockaltar beeindrucken. Geschaffen im 17. Jh. für das Zisterzienserkloster in Arnsburg in der Wetterau, fand er nach einer Odyssee seinen Platz hier in der Sankt Georgskirche. Bestimmt wird der Altar in barocker Lebendigkeit - in weiß und gold - von der Darstellung der Aufnahme Mariens in den Himmel. Die Aedicula wird umgeben von mächtigen Säulen. Kompositkapitelle tragen zwei übereinander liegende Konsolen, auf denen sich eine Anzahl von Putti tummeln. Einige deuten auf die Taube - Symbol für den Heiligen Geist - in einer Mandorla. Rechts

Kreuz über dem Altar

und links vom Altarbild stehen in barocker Bewegtheit der Hl. Benedikt mit Stab und Ordensregel, sowie der Hl. Bernhard von Clairvaux - Gründer des Zisterzienserordens - mit einem Marterwerkzeug, dem Essig getränkten Schwamm. Der Tabernakel in der Mitte des Altars wird bekrönt von einem Pelikan, Symbol für die sich hingebende Liebe Jesu Christi.
Unsere Aufmerksamkeit wenden wir nun der Taufkapelle zu. In deren Mitte steht ein Taufstein aus dem 16. Jh. Der Deckel, ebenfalls ein Werk von Karl Matthäus Winter, zeigt die Darstellung der Taufe Jesu. Umgeben ist der Taufstein von drei Heiligen, die eine besonde-

re Beziehung zu Kastel haben. Der Hl. Rochus, Patron der Gemeinde Kastel, angerufen in der Pestzeit, wird noch heute jährlich mit Gottesdienst und Prozession besonders verehrt. Der Hl. Georg, der Kirchenpatron, eine eigenwillige Darstellung ohne Lanze und Schild, wehrt das Böse mit Gottes Hilfe nur mit Wort und Geste.
Der Hl. Ferrutius, ein römischer Soldat, erlitt hier im Kasteler Raum wegen seines Glaubens den Märtyrertod. Er wird als der erste bekannte Heilige von Mainz verehrt. Geschaffen wurden diese Figuren als bedeutende Alterswerke von Adam Winter, Kastel.
Der Hl. Ferrutius ist Zeuge für den Beginn des Christentums hier am Rhein. Ohne Unterbrechung gibt es seit der Römerzeit in dieser Region einen christlichen Kult.
Urkundlich wird um 54o eine Georgskirche in Kastel erwähnt, die aber einen anderen Standort in der Nähe hatte. Auf dem Platz der heutigen Kirche stand eine Kapelle, die jedoch immer wieder zerstört wurde. Der älteste Teil des heutigen Gotteshauses ist 1746 von Erzbischof Johann Friedrich Carl von Ostein geweiht worden.

Bernd Feuerbach

PFARRGEMEINDE ST. GEORG
Rochusplatz 7
55252 Mainz-Kastel
Gottesdienst:
Samstag, 18 Uhr Vorabendmesse
Sonntag 10.30 Uhr Eucharistiefeier
Barrierefreier Eingang
Öffnungszeiten:
während der Gottesdienste
und 45 Minuten davor und danach
Kontakt:
Tel. 06134/18390
Fax: 06134/183933
E-mail:pfarrbuero@kastel-sanktgeorg.de
http://www.kastel-sanktgeorg.de

Baugeschichte

An herausragender Stelle im Ortsbereich von Hechtsheim, in der Bergstrasse, ist der Standort der Pfarrkirche beim Friedhof.
Hier stand wohl schon Anfang des 13. Jahrhunderts eine Kirche, die dem jugendlichen Märtyrer Pankratius gewidmet war. Diese Kirche war der Wallfahrtskirche „Beatae Mariae Virginis in Campis" (Selige Jungfrau Maria im Felde), später auch „Heilig Kreuz Stift" benannt, eingegliedert. Das Stift, dem die seelsorgliche Betreuung des Dorfes oblag, befand sich auf der Hälfte des Weges von Hechtsheim nach Mainz, wo heute die Autobahn die Alte Mainzer Strasse im Bereich des Heiligkreuzweges überquert.
Im Jahre 1279 wurde Hechtsheim selbständige Pfarrei. Da die alte Kirche infolge des Bevölkerungszuwachses nicht mehr ausreichend Platz bot, plante man im Jahre 1751 einen Neubau. Im Jahre 1752 erfolgte der Abbruch der alten Kirche. Der wehrhafte Turm aus dem 13. Jahrhundert blieb als ältester Zeuge einer langen Geschichte erhalten. Anschließend wurde an dem alten Standort mit dem Neubau einer barocken Saalkirche begonnen, deren Einweihung am 8. Oktober 1758 durch den Mainzer Weihbischof Nebel erfolgte.
Im Jahre 1901 wurde zur Behebung der Raumnot, nach langjährigen Beratungen und Planungen, der Chor der barocken Saalkirche abgebrochen und das Langhaus der Saalkirche durch ein neugotisches, dreischiffiges Chorhaus erweitert. Architekt war der Mainzer Dombaumeister Ludwig Becker. Der ursprünglich für einen späteren Zeitpunkt geplante Abriss des barocken Kirchenschiffes wurde nicht mehr ausgeführt, so dass nun der barocke Saal mittelbar an den großen neugotischen Chor mit angedeutetem Querhaus anschließt. Die vom ehemaligen barocken Hochaltar erhaltenen überlebensgroßen Figuren des Hl. Petrus und Hl. Paulus stehen beiderseits des

Blick in den Innenraum von St. Pankratius

Rundbogens zum Chorraum auf Konsolen.
Die Kreuzigungsgruppe aus dem Hauptteil des Hochaltares sowie die Dreifaltigkeit mit Gottvater, Christus und der Taube des Hl. Geistes sind an den Seitenwänden des barocken Kirchenschiffes aufgestellt.

Fenster

Beim Eintritt in die Kirche durch das Portal des neugotischen Erweiterungsbaues erblickt man zunächst in den Spitzbogenfeldern der gegenüberliegenden Wand des linken Querschiffes zwei figurale Fenster, links die Hl. Margaretha von Antiochia und die Hl. Katharina von Alexandrien, rechts die Hl. Elisabeth von Thüringen.
Diese Fenster wurden, wie auch die ursprünglichen figuralen Fenster im Chorraum und rechten Querschiff, die bei Luftangriffen im 2. Weltkrieg leider zu Bruch gingen, im Jahre 1902 von dem kunstgewerblichen Atelier u. Glasmalerei Bernhard Kraus, Mainz, ausgeführt und eingebaut.
Die drei Fenster im Chorraum wurden im Jahre 1965 erneuert. In den Kunstwerkstätten der Benediktiner-Abtei Maria Laach fertigte Bruder Lukas Ruegenberg Entwürfe für die drei neuen Fenster im Chorraum in einer abstrakten, gegenstandslosen Kunstform. Hierbei hat er unter Verzicht auf alles Unwesentliche das Wirken der geistigen Kräfte beim geheimnisvollen Geschehen des Messopfers in jenen beiden von oben nach unten und umgekehrt verlaufenden Wegen sichtbar werden lassen. Auch der Satz des Johannesevangeliums: „Und das Licht leuchtet in der Finsternis" kommt hier durch den Lichteinbruch in das Dunkel zum Ausdruck.
Die farblichen Gegenkräfte, besonders im Mittelfenster, setzen diesen Satz fort: „Die Finsternis hat es nicht begriffen". Die Stelle der dunklen Purpurfarben in den Fenstern beim Weg „von oben" ist symbolhaft für das Kommen der göttlichen Gnadenkräfte. Beim Weg „von unten" sind es die Menschen, die auf dem Weg zur Läuterung aufsteigen zum Licht der Herrlichkeit Gottes. Die kleinen vielgestaltigen Formen, besonders im Südfenster rechts, stellen die Mühen der Menschen dar.
Die Fenster wurden in den Werkstätten für Glasmalerei Oidtmann, Linnig, gefertigt und am 3. Dezember 1965 eingesetzt.
Die beiden Fenster im Querschiff rechts mit den Darstellungen des Hl. Martinus und des Hl. Thomas Morus wurden nach Entwürfen von P. Weigmann, Leverkusen, in den Werkstätten Oidtmann, Linnig, gefertigt und am 9. Mai 1971 eingebaut.

Die Altäre

Der Hochaltar bestehend aus Mittelteil und zwei Seitenflügeln wurde von Fa. Georg Busch, Söhne, Groß-Steinheim, ausgeführt.
Im Mittelteil befinden sich zwei Reliefs, links die Hochzeit zu Kana und rechts das letzte Abendmahl.
Die Seitenflügel zeigen Reliefs aus der Leidensgeschichte.
Die äußeren Flügelseiten zeigen Ölgemälde, links die Kreuz-

auffindung und rechts die Kreuzerhöhung, ausgeführt von Kunstmaler Runge, München.
Anlässlich der Renovierung von 1970 wurde der Chorraum umgestaltet und in dessen Mittelpunkt ein freistehender Altar aus Trachyt aufgestellt.
Im Querschiff rechts, in einer Nische, befindet sich der Pankratiusaltar mit der Figur des Hl. Pankratius aus dem alten Altar der barocken Kirche. Rechts und links des Baldachins sind Ölgemälde mit Darstellungen aus dem Leben des Hl. Pankratius, von links: Glaubensunterweisung, Taufe, Verurteilung, Tod, ausgeführt von Kunstmaler Runge, München.
Der Altaraufbau für den Muttergottesaltar, in der bei der Erweiterung der Kirche links vom Chorraum errichteten Marienkapelle, wurde gestiftet und von der Firma Busch, Söhne, Groß-Steinheim, gefertigt.
Eine bei der Restaurierung 1999 wieder gefundene neugotische Ausmalung der Konche in der Marienkapelle wurde nach Befund rekonstruiert. Bei dieser Gelegenheit wurde auch der barocke Saal mit seiner Pilastergliederung und der Mulden-Spiegeldecke soweit als möglich nach Befund rekonstruiert und farblich gestaltet.
Die barocke Kanzel mit Kanzelkorb und Schalldeckel ergab bei der Befunduntersuchung unter dem grauweißen Anstrich eine prachtvolle Marmorierung. Die ursprüngliche Fassung wurde teilweise freigelegt und rekonstruiert.
Die Restaurierungsarbeiten wurden von der Fa. Reinhardt, Zornheim, unter konservatorischer Betreuung von Frau Dr. Fels, kirchliche Denkmalpflege der Diözese Mainz, durchgeführt.

Die Orgel

Nachdem die aus der alten Kirche übernommene Orgel ihre Dienste versagte, wurde im Jahre 1765 dem Orgelbauer Joseph Onimus, Mainz, der Auftrag für eine neue Orgel erteilt.
Am 29. April 1766 erklang sie erstmals in der 1752 errichteten, barocken Kirche. Diese Orgel versah ihren Dienst, bei zwischenzeitlichen Reparaturen, bis zum Jahre 1923.
Am 7. Mai 1928 erhielt die Orgelbaufirma Siemann & Co. München, den Auftrag für einen Neubau. Hierbei hat die Fa. Siemann erfreulicherweise das im Jahre 1766 von dem Orgelbauer Onimus, Mainz, geschaffene Orgelgehäuse beibehalten und in bewundernswerter Präzision ein wesentlich größeres Werk eingebaut. Nach Aufbau und Abnahme durch den Musikdirektor Becker, Bingen, konnte die Orgel am 13. April 1929 ihrer Bestimmung übergeben werden.
Im Rahmen der für 1998 vorgesehenen Innenrenovierung der Kirche wurde auch eine Renovierung und Rekonstruktion der Orgel beschlossen und hierzu der Orgelbaufirma Förster & Nicolaus, Lich/Oberhessen der Auftrag erteilt.
Mit großer Sorgfalt hat die Firma das Instrument in seiner originalen, technischen Funktion einwandfrei wiederhergestellt, zudem alle

Veränderungen der Nachkriegszeit rückgängig gemacht und fehlende Originalteile durch stilgemäße Kopien ersetzt.
An Weihnachten 1998 konnte das erneuerte Orgelwerk mit 29 Registern seine Klangschönheit entfalten.

Glocken

Im alten Kirchturm befinden sich im eingebauten Stahlglockenstuhl vier Glocken und zwar die 806,5 Pfund schwere Pankratiusglocke von 1777 (a) und die 1577 Pfund schwere Marienglocke von 1791 (f); diese beiden Glocken wurden von Martin Roth, Mainz, gegossen. 1965 kamen die 1922 kg schwere Christusglocke (d) und die 730 kg schwere Michaelsglocke (g), beide gegossen von F.W. Schilling, Heidelberg, hinzu. Sämtliche Glocken sind mit Reliefs und Inschriften versehen.
Durch die beiden 1965 gegossenen Glocken wurde das Geläute, das durch die im Ersten und Zweiten Weltkrieg zu Kriegszwecken beschlagnahmten, 1822 und 1938 gegossenen Glocken, dezimiert war, ergänzt.

Wilhelm Leonhard Veith

KATHOLISCHE KIRCHE
ST. PANKRATIUS
Mainz-Hechtsheim
Bergstraße 22
55129 Mainz
Gottesdienst:
Samstag 18 Uhr
Sonntag 9 Uhr (Kath. Gemeindehaus)
10.30 Uhr
Öffnungszeiten:
8 - 18 Uhr
Kontakt:
Tel.: 06131/509030
Fax: 06131/509083
E-Mail: St.Pankratius-Hechtsheim@web.de
Hompage: www.sankt-pankratius.de

Wenn man die Große Bleiche Richtung Rhein geht, kommt man unweigerlich an der Pfarrkirche St. Peter vorbei. Die beiden imposanten Zwiebeltürme sind weithin sichtbar. Sie zieren die klassizistische Fassade. Zwischen den Zwiebeltürmen ist eine wunderschöne, aus Sandstein gemeißelte Madonna zu bewundern.
Durch eine barocke, aus Eichenholz gefertigte Tür kommt man in das Innere der Kirche. Sofort fällt der Blick auf die rekonstruierten Deckengemälde. Die von Josef Appiani Mitte des 18. Jahrhunderts geschaffenen Originale sind leider im Zweiten Weltkrieg fast vollständig zerstört worden. Die Decke ist mit Bildern geschmückt, die den Lebenszyklus von Petrus erzählen. In der Mitte werden die Malereien mit einer imposanten Darstellung der Kreuzigung des Petrus gekrönt.
Vier schlanke Säulen tragen mit scheinbarer Leichtigkeit die Gewölbe des Mittelschiffs und der beiden Seitenschiffe. Mittelschiff und Seitenschiffe bilden einen quadratischen Raum, der durch einen großen Chorraum ergänzt wird.
Seitlich, zwischen Mittelschiff und Chorraum, stehen jeweils zwei Seitenaltäre. Ganz links befindet sich der Herz-Jesu-Altar mit einem Altarbild im Stil der „Nazarener". Es wurde von einem aus Mainz-Gonsenheim stammenden Künstler 1872 gemalt. Daneben sehen wir den Kreuz-Altar. Das große Kreuz ist eine spätgotische Arbeit, die nicht für die im Jahr 1756 eingeweihte St. Peterskirche, sondern für die alte Peterskirche geschaffen wurde, die in der Nähe der heutigen Christuskirche stand. Diese Kirche ist in den Wirren des Dreißigjährigen Krieges stark beschädigt worden und später untergegangen. Der Corpus des Gekreuzigten gilt als ein Werk des Mainzer Bildhauers Hans Backofen. Auf dem Altar wurde 1793 von der französischen Revolutionsbesatzung einem Mainzer Mädchen als Göttin der Vernunft gehuldigt.
Ganz rechts befindet sich der Nikolaus-Altar. Das Altarbild stammt von Appiani. Es zeigt den Heiligen Nikolaus, der im Begriff ist, durch seine Fürsprache bei Gott drei toten Kindern das Leben wieder zu geben. Daneben steht im Stil des Kreuz-Altares der Muttergottesaltar.
Die großen, teilweise vergoldeten Figuren an den Altären und den Seitennischen im Chorraum, sowie die Kanzel wurden während des 2. Weltkriegs ausgelagert. So konnten sie die schweren Bombenangriffe auf Mainz, die auch die Peterskirche stark beschädigten, überleben. Auf beiden Seiten des Chorraumes befanden sich eindrucksvolle Chorstühle, die von dem Mainzer Hoftischler Hermann stammten, der auch das Chorgestühl im Mainzer Dom schuf. Leider sind die Chorstühle der Peterskirche im Krieg verbrannt. Heute sind nur provisorische Bänke aufgestellt, die keineswegs dem Gefüge des Chorraumes gerecht werden.
Über den beiden Seitentüren sind Fresken angebracht, die auf der nördlichen Seite die alte Peterskirche und auf der südlichen Seite

Blick über den Altar zur Orgelempore in St. Peter

den Vorgängerbau am heutigen Standort von St. Peter, das Odenmünster zeigen. 1748 wurde das Odenmünster abgerissen, um Platz für einen Neubau zu erhalten.
Zu der alten Peterskirche, die ursprünglich eine Stiftskirche war, gehörte auch das Odenmünster. So konnten die Stiftsherren über das Odenmünster verfügen. Bedeutsam aus der damaligen Zeit ist, dass die alte Peterskirche „vor den Mauern", also außerhalb der Stadt-

befestigung, stand. Der neue Standort war damit deutlich sicherer. Der Neubau fiel in eine Zeit gesteigerten fürstlichen Selbstbewusstseins. Entsprechend prachtvoll wurde die Kirche gebaut und ausgestattet. Nach den Plänen des in Mainz geborenen Architekten Johann Valentin Thoman entstand von 1748 bis 1756 die wohl schönste Rokokokirche des Rheinlandes.

Ein interessantes Detail ist die Kanzel, die zu den schönsten Rokokokanzeln Deutschlands gehört. Es empfiehlt sich, die Kanzel etwas genauer anzusehen. Von dem unten brennenden „Höllenfeuer" bis zum Siegesengel mit Posaune ist die Kanzel eine interessante Interpretation des Weltgefüges der damals bekannten Welt. So sind beispielsweise vier Figuren an der Kanzel angebracht, die die Erdteile symbolisieren. Damals war Australien noch nicht entdeckt, deshalb fehlt die Darstellung dieses Kontinentes.

Die Kanzel hatte einigen bedeutenden Persönlichkeiten gedient. Beispielhaft sei Bischof Colmar (der erste Bischof des neuen Mainzer Bistums, das 1802 entstand) genannt, der die Peterskirche als Bischofskirche nutzte, da der Dom wegen der Kriegsschäden von 1793 nicht benutzt werden konnte. Der spätere Bischof von Mainz, Wilhelm Emmanuel Freiherr von Ketteler, hatte einige seiner flammenden Sozialpredigten von dieser Kanzel verkündet. Romano Guardini, der kurze Zeit Kaplan in St. Peter war, bestieg ebenfalls den akustisch perfekt ausgerichteten Platz.

In einer Kapelle im Nordturm ist der Sarkophag von Pfarrer Franz Adam Landvogt aufgestellt. Pfarrer Landvogt war Pfarrer der Pfarrei St. Christof (1928 – 1951), wobei die Nachbarpfarrei, nämlich St. Peter, nach der Kriegszerstörung der Christofskirche ebenfalls sein Arbeits- und Wirkungsbereich bildete. Viele Menschen, auch weit über die Pfarrgrenzen hinaus, verehren Pfarrer Landvogt, der insbesondere in den Jahren des Zweiten Weltkrieges und der schweren Zeit danach segensreich wirkte.

Die Orgel der Peterskirche ist nach vollständiger Zerstörung im Zweiten Weltkrieg erst nach 1984 wieder im historisierten Stil neu entstanden. Damit wurde ein Klangkörper geschaffen, der dem barokken Äußeren der Kirche eine würdige Stimme verleiht. In St. Peter finden in relativ regelmäßigen Abständen Orgelkonzerte statt, die auf reges Interesse stoßen.

Die Peterskirche hat aber nicht nur Barockes und Rekonstruiertes zu bieten, sondern auch – bewusst – moderne Kunstgegenstände. Ein Blick auf den Zelebrationsaltar, den Ambo und den Leuchter für die Osterkerze lassen dies sehr anschaulich erkennen. Geschaffen wurden diese Kunstwerke von Prof. Rumpf. Ein Altar, der liturgisch gesehen zur Entstehungszeit des Kirchengebäudes noch nicht existieren konnte, und ebenso der Ambo verbinden das gleiche Thema: Petrus der Menschenfischer. Beim intensiven Hinsehen auf den Unterbau des Altares sieht man förmlich die Fische im Netz des Petrus springen. Ein genauer Blick darauf ist empfehlenswert. Auch der Tabernakel ist ein modernes Kunstwerk, das sich auf dem Hochaltar deutlich sichtbar dem Betrachter präsentiert. Das neueste Werk ist eine Arbeit des Mainzer Künstlers Karlheinz Oswald: Eine Metallbüste erinnert in der Gedächtniskapelle an Pfarrer Landvogt.

Richard Both

PFARREI ST. PETER / ST. EMMERAN
Petersstr. 3
55116 Mainz
Gottesdienst:
Samstag 18 Uhr
Sonntag 9.30 Uhr und 11.30 Uhr
Heilige Messe
Öffnungszeiten:
9 -18 Uhr
Donnerstag 12.15 Uhr „AtemPause in St. Peter"
Kontakt:
Tel.: 06131 / 222035
Fax: 06131 / 236743
Email: pfarramt.st.peter@t-online.de
Internetadresse:
www.st.peter.mainz.de.vu

Willigis, der von 975-1011 Erzbischof von Mainz und der Erbauer des Mainzer Doms war, ließ hier eine Kapelle errichten und weihte sie zu Ehren des Hl. Stephanus. Er schenkte diese Kapelle dem von ihm um 994/95 gegründeten Stephansstift in Mainz. Dies war wahrscheinlich die Geburtsstunde von Marienborn. Als 1676 der erste Pfarrer nach Marienborn kam, hatte diese Kapelle durch den Dreißigjährigen Krieg sehr gelitten.
Der Grundstein zu der heutigen Kirche wurde am 11. Mai 1729 durch den damaligen Mainzer Weihbischof Kaspar Adolf Schernauer gelegt. Zuerst wurde der Chorraum bis einschließlich der Seitenaltäre gebaut, dann die alte Kapelle abgerissen und das Langhaus errichtet. Bereits 1730 verewigte sich der Stuckateur Paulus Löw aus Mainz auf dem Sims oberhalb des Bogens im Chorraum. Das Langhaus war 1738 fertig, denn der Zimmermann Anton Helmer verewigte sich oben im Dachreiter.
Unsere Kirche wurde nach vollständiger Innenausstattung am 31.

Blick in den Altarraum von St. Stephan Marienborn

August 1760 vom Mainzer Weihbischof Christoph Nebel geweiht. Professor Fritz Arens stellt die Kirche mit ihrer reichen Ausstattung an die Spitze der rheinhessischen, ja der mittelrheinischen Dorfkirchen. Der Grund für die prächtige Ausstattung ist in der Wallfahrt zum Gnadenbild der „Trösterin der Betrübten" zu sehen.
Wer in die Kirche kommt, ist von der Größe und dem Anblick des

Gnadenbild „Trösterin der Betrübten"

Altares beeindruckt. Altar, Kommunionbank und Kanzel wurden 1748/50 vom Mainzer Hofschreiner Franz Anton Hermann in Zusammenarbeit mit dem Bildhauer Peter Heinrich Henke und dem Vergolder Schwank geschaffen.
Unter dem Altartisch befindet sich ein Steinaltar aus rohen Feldsteinen mit einer Sandsteinplatte, die zweimal konsekriert wurde und mit Sicherheit in der ersten Kapelle schon als Altartisch diente. Die Fachleute vermuten, dass die erste Konsekration noch aus der Willigiszeit stammt.
Darüber das Gnadenbild der „Trösterin der Betrübten" aus Lindenholz, geschaffen um 1420 (wahrscheinlich nach dem ersten Gnadenbild); Maria steht mit ihren Füßen auf einem Gesicht und darunter der Mondsichel.
Oberhalb des Gnadenbildes in der Wolke die Abkürzung für Maria und ein Schwert, das ein Herz durchdringt. Darüber Gott Vater, Gott Sohn und im gelben Fenster Gott Hl. Geist in Form einer Taube. Das Deckengemälde zeigt die Steinigung des Hl. Stephanus.
Links vom Gnadenbild ist der Kirchenpatron, der Hl. Stephanus, rechts davon der Hl. Nepomuk zu sehen.
Die Seitenaltäre wurden durch Vermittlung des damaligen Pfarrers Christian Hausknecht im Jahre 1881 aus Gernsheim nach Marienborn geschenkt. Der rechte Seitenaltar ist der Muttergottes und der linke dem Hl. Josef geweiht.
Der Ambo wurde 1990 von Jörg Hummel aus Lindenholz geschnitzt. Er ist die Kopie einer Engelsfigur aus dem Dom- und Diözesanmuseum und ebenso alt wie die Kirche.
Die Deckengemälde wurden 1901 von Hans Thumann aus Bamberg gefertigt und stellen den freudenreichen Rosenkranz dar. Die Wappen an der Decke sind diejenigen von Papst Johannes XXIII. (vorn rechts), von Bischof Albert Stohr (links) und des jetzigen Bischofs, Karl Kardinal Lehmann (hinten links).
Eine erste Orgel wurde um 1736 von Kohlhas eingebaut. Sie war um 1800 unbrauchbar. Deshalb wurde in das vorhandene Gehäuse 1817 von Laurentius Ripple die Orgel des Mauritiusstiftes mit 11 Registern und einem Manual eingebaut.
Die Emporgemälde zeigen Zyklen aus dem freudenreichen, dem schmerzhaften und dem glorreichen Rosenkranz.
Die Figuren von rechts vorn stellen dar: den Hl. Sebastian, die Hl. Maria Magdalena mit dem Salbgefäß, die Hl. Familie, den Hl. Aloysius,

das Herz-Jesu, Anna Selbdritt mit ihrer Tochter Maria auf der rechten Hand (das Jesuskind fehlt leider). Es folgen die Hl. Bilhildis, die Gründerin des Altmünsterklosters Mainz, und der Hl. Antonius von Padua.
Der Kreuzweg wurde 1820 in Airol in der Südschweiz gefertigt.
Der Originalfußboden aus der Zeit des Kirchenbaus ist noch erhalten, der 1990 mit Bodenplatten aus dem Bankbereich ausgebessert wurde.
Im ersten Grab des Mittelganges ist Pfarrer Wendelin Dorn, der Erbauer dieser Kirche, beigesetzt und im zweiten Pfarrer Gerhard Mützer. Die dazugehörigen Grabinschriften hängen in der Nische auf der rechten Seite neben dem Kreuz.

Wallfahrt

Der Ursprung der Wallfahrt zum Gnadenbild der „Trösterin der Betrübten" ist unbekannt. Der erste Hinweis ist eine Ablassbulle von Papst Johannes XXII. aus dem Jahre 1317, die einen vollkommenen Ablass all denen auf ewige Zeiten gewährt, die das Gnadenbild besuchen an allen Sonntagen und Marianischen Festtagen. Die Anfänge der Wallfahrt müssen aber schon weit vor 1317 liegen. Denn bis die Wallfahrt durch den Bischof und Papst anerkannt wurde, was die Ablassbulle beweist, müssen Jahre vergangen sein. Das alte Wallfahrtsbüchlein aus dem Jahre 1753 berichtet, dass das Gnadenbild in einem Brunnen unterhalb der Kirche gefunden wurde, wo man es aus uns nicht bekannten Gründen versteckte. Nach der Überlieferung soll eine Stimme aus dem Brunnen gerufen haben „Maria im Born". Zu der ersten Ablassbulle kam 1727 eine zweite Ablassbulle von Papst Benedikt XIII. hinzu, die im wesentlichen den Ablass von 1317 erneuert.
Als der erste Pfarrer von Marienborn Vincenz Mercator 1676 hierher kam, musste er mehrere Kapläne zur Bewältigung der Wallfahrt anstellen. Dies führte dann auch dazu, dass eine neue, größere Kirche gebaut werden musste. Besonders in Notzeiten, wie z.B. im Ersten und Zweiten Weltkrieg, kamen sehr viele Wallfahrer nach Marienborn.
Jetzt kommt immer die Frage: Welche Wunder sind geschehen? Wunder ist ein großes Wort, ich würde dies lieber Gebetserhörungen nennen. In den Kirchenbüchern stehen zwei Begebenheiten.
1. Im Jahre 1833 am Fest Maria Heimsuchung, unserem Wallfahrtsfest, ist während der Wandlung im Hochamt ein durch Krankheit lange Zeit stummes, ca. 18-20 Jahre altes Mädchen aus Zahlbach, plötzlich „redend" geworden.
2. Eine Frau berichtet 1873 dem damalige Pfarrer, dass sie am linken Auge 5 Jahre lang eine Wunde hatte, die trotz Gebrauch aller möglichen Mittel nicht heilte, sondern sich immer mehr verschlimmerte. Als sie eine Wallfahrt nach Marienborn machte, hat sie diese Wunde mehrmals mit Wasser aus dem Marienbrunnen benetzt und dann sei die Wunde geheilt.
Es gab mit Sicherheit noch mehr kleinere Gebetserhörungen, wenn

Maria in höchster Not angerufen wurde, z.B. bei schweren Krankheiten oder in Hungersnöten.
Das Hauptwallfahrtsfest ist an Mariä Heimsuchung, 2. Juli, bzw. am Sonntag danach.

Lothar Frohnweiler

Quellen: Festschrift 1960 von Pfr. Bergmann; eigene Forschungen im Pfarrarchiv und Dom- und Diözesanarchiv

KATH. PFARRAMT
Gottfried-Schwalbach-Str. 38
55127 Mainz-Marienborn
Gottesdienst:
Samstag 18 Uhr
Sonntag 10 Uhr
Öffnungszeiten:
täglich 9 - 19 Uhr
Kirchenführungen sind möglich.
Kontakt:
Tel.: 06131/331323
Fax.: 06131/334908
Montags – Freitags von 8-10 Uhr

St. Ignaz – eine Kirche von „kurfürstlicher Gnade":

Die alte romanische, gotisch erweiterte Pfarrkirche St. Ignaz der ehemaligen Mainzer Vorstadt Selenhofen – die heutige „Vilzbach" – war baufällig. Seitens der verhältnismäßig armen Pfarrgemeinde im Viertel der Schiffer und Fischer gab es bereits Pläne für einen Kirchenneubau. Kurfürst Johann Friedrich Karl von Ostein (1743-1763) wollte jedoch „keine Bauernkirche in seiner Residenz" haben. Er entschied sich 1760 für den größeren, kostspieligeren Plan von Johann Peter Jäger, dem auch die Bauleitung übertragen wurde. Zeitweilig leitete Johann Valentin Thomann den Kirchenbau.

Der Neubau der Kirche St. Ignaz war zu einer kurfürstlichen Angelegenheit geworden. Begleitet und abgesichert wurde die Baumaßnahme durch eine kurfürstliche Baukommission, die der Kurfürst 1762 auf Bitten der Pfarrgemeinde – im Hinblick auf die Größe und die Kosten des Baus – eingesetzt hatte.

Nach dem Tod des Kurfürsten Johann Friedrich Karl von Ostein setzten seine Nachfolger, Kurfürst Emmerich Josef von Breidbach-Bürresheim (1763-1774) und Kurfürst Friedrich Karl Josef von Erthal (1774-1802), das begonnene Werk fort. Kurfürst Emmerich Josef legte am 3. Dezember 1763 den Grundstein der neuen Kirche und unterstützte finanziell den Kirchenbau, der 1774 fertiggestellt wurde. Sein kurfürstliches Wappen ist in der Vierung der Kirche zu sehen. Daneben sind die Wappen des Dompropstes Hugo Franz Karl von Elz, der u.a. die beiden äußeren Seitenaltäre gestiftet hat, sowie des Domkustos Friedrich Karl Josef von Erthal, der als späterer Kurfürst die Kirche am 31. Mai 1778 eingeweiht hat.

Drei Kurfürsten sind also mit der Entstehung der Kirche St. Ignaz eng verbunden. Ohne die „kurfürstliche Gnade" wäre diese Kirche nicht das, was sie ist: ein monumentales Werk inmitten der niedrigen Häuser der „Vilzbach". Dabei weist sie alle Zeichen des Übergangs von Rokoko zum Klassizismus auf. Sie ist der bedeutendste Kirchenbau des Frühklassizismus am Mittelrhein.

Die klassizistische Fassade ist dreigeschossig, nach der Kolosseumsordnung gegliedert. In der Mitte der Fassade befindet sich die Figur des Kirchenpatrons, des hl. Bischofs und Märtyrers Ignatius von Antiochien (gest. um 110). Die ihn anspringenden Löwen weisen auf sein Martyrium im Kolosseum in Rom hin. Ein Engel hält über den hl. Ignatius den Siegeskranz.

In den anderen Nischen der Fassade stehen Figuren, die sich ursprünglich im Kreuzgang der Mainzer Kartause befanden: Jesus als Guter Hirt, Maria Immaculata, Johannes der Täufer und Erzengel Michael. Bekrönt wird die Fassade mit einem Kreuz, an dem eine Dornenkrone hängt. Den Sockel des Kreuzes bilden Wolken mit Engelsköpfen.

Direkt über dem Kirchenportal befindet sich die Darstellung des letzten Abendmahles. Ein Lamm schaut vorne unter dem Tischtuch hervor, den Blick auf Jesus, das wahre Osterlamm, gerichtet. Darunter sind die griechischen Buchstaben IHS für den Namen Jesus, umge-

Blick in den Altarraum von St. Ignaz

ben von Weizenähren und Weintrauben, darüber im Zeichen für die Dreifaltigkeit die hebräischen Buchstaben für JAHWE, des „Ich-bin-da".

Der Innenraum der Kirche ist ein kreuzförmiger, klar gegliederter und weiträumiger Saal, hell durch die vielen Fenster. Der Zusammenklang von Architektur, Ausstattung und Dekoration im harmonischen Nebeneinander des Rokoko und Klassizismus macht den Kirchenraum zu einem großartigen, reizvollen Meisterwerk. Hier erfährt man die Einheit von Glaubensfreude und Vernunft sinnlich in den beiden Stilen ausgedrückt.

Klassizistisch ist der Hochaltar, der 1784 errichtet wurde. Die inneren Seitenaltären - der Kreuzaltar und der Marienaltar - sind im Stile des Rokoko, die äußeren Seitenaltäre - der Altar des hl. Nikolaus und der des hl. Johannes Nepomuk - im Stil des Klassizismus. Beide Stile zeigen sich auch an der übrigen Ausstattung der Kirche, z.B. am Chorgestühl, an der Kommunionbank, an der Kanzel und an den Beichtstühlen.

Der Kirchenraum wird von Deckengemälden überspannt, die 1773-

1774 der Barockmaler Johann Baptist Enderle geschaffen hatte, die aber 1902 von Waldemar Kolmsperger neu gemalt wurden. Sie zeigen Ereignisse aus dem Leben des Kirchenpatrons: der Knabe Ignatius beim segnenden Jesus (Chor), die Verhaftung des Bischofs Ignatius, sein Verlassen des Schiffes bei Smyrna, seine Begegnung mit Bischof Polykarp von Smyrna, beim Schreiben seiner Briefe (Querschiff), seine Verurteilung in Rom (Kuppel in der Vierung), seinen Märtyrertod im Kolosseum (Kirchenschiff) und die Übertragung seiner Gebeine in die römische Kirche St. Clemente (Bild über der Orgel).

Die Wände des Kirchenraumes weisen reiches Stuckwerk auf: Putten, Symbole, liturgische Geräte, Blumengirlanden und andere Ornamente. Hier ist gleichsam ein Bilderbuch des Glaubens und des Glaubenslebens aufgeschlagen.

So zeigt das Stuckrelief unter der Orgelempore in der Gestalt des Gelähmten am Teich Betesda den heilsbedürftigen Menschen, der in Jesus sein Heil findet.

Dieses Heil schenkt Jesus dem Menschen durch sein Leiden, seinen Tod am Kreuz und seine Auferstehung. In den beiden hinteren Fensterleibungen deuten darauf hin: die Laterne der nächtlichen Verhaftung, das Schwert des Apostels Petrus, die römische S.P.Q.R.-Fahne, die Wasserschale des Pilatus, die Geißelsäule, die Dornenkrone, der Essigstab, die Leiter sowie die Osterfahne mit dem Siegeskranz.

Der Eintritt in die Heilsgemeinschaft mit Jesus geschieht durch die Taufe. In den beiden vorderen Fensterleibungen des Kirchenschiffes stehen dafür die Symbole für die Dreifaltigkeit als Hinweis auf die trinitarische Taufformel, der Taufbrunnen, die Taufkanne, die Gefäße mit Katechumenenöl und Chrisam, sowie der Weihwasserkessel mit dem Aspergil.

Auf die Diener der Kirche weist der Stuck in den Fensterleibungen des Querhauses hin: die Tiara und das Patriarchenkreuz des Papstes, die Mitra und der Krummstab des Bischofs und das priesterliche Messgewand.

An den Wänden dieses Querschiffes sind darüber hinaus noch die wichtigsten Kultgegenstände für den jüdischen Gottesdienst im Tempel zu sehen: das eherne Becken, sechs Steinkrüge, der Schaubrottisch, die Gesetzestafel, der Rauchopferaltar und der siebenarmige Leuchter sowie die Lostasche und die Kopfbedeckung des Hohenpriesters. Damit wird der Gottesdienst des Alten Bundes als Wurzel für den christlichen Gottesdienst verdeutlicht.

Schließlich zeigen die Fensterleibungen im Altarraum die liturgischen Geräte für die Feier der Eucharistie und der Verehrung des Allerheiligsten: u.a. Kelch, Ziborium, Monstranz, Schale mit Kännchen, Weihrauchfass, Kerzenständer, Kerzen, Schelle, Vortragskreuz und Fahne.

Die Westseite der Kirche ist ausgefüllt vom klassizistischen Orgelprospekt. Das erste Orgelwerk aus dem Jahre 1781 wurde 1837 durch ein neues Orgelwerk von Bernhard Dreymann ersetzt. Als Königin der Instrumente erhebt sich die Orgel über die in Stuck dar-

gestellten Instrumente an der Brüstung der Orgelempore. Es sind 32 verschiedene Instrumente dargestellt, darunter Saiten-, Schlag- und Blasinstrumente sowie Orgelpfeifen.
Die Kirche St. Ignaz ist unvollendet. Ursprünglich war ein Kirchturm geplant. Dieser Plan kam jedoch nicht zur Ausführung. Auch spätere diesbezügliche Versuche blieben erfolglos. Es gibt nur den Turmstumpf, der sich an die Chorapsis anschließt. Er bietet Raum für die Sakristei, das Archiv und das Glockengeläut, zu dem die zweitälteste Glocke von Mainz aus dem 14. Jahrhundert gehört.
Unter der Kirche ist eine kreuzförmige Krypta. Hier befinden sich die Gräber der beiden Pfarrer und der fünf Künstler, die am Bau der Kirche mitgewirkt haben. Es sind die Gräber der Pfarrer Johannes Michael Wunderlich (gest. 1772) und Ernst Xaver Turin (gest. 1810), des Architekten Johann Peter Jäger (gest. 1790), des Stukkateurs Johann Peter Metz (gest. 1780), des Zimmermeisters Heinrich Riedel (gest. 1802), des Schreiners Johann Michael Keller (gest. 1789) und des domkapitelschen Wappenmalers Georg Joseph Melbert (gest. 1786).
Neben der Kirche steht eine Kreuzigungsgruppe, die 1519 der bekannte Mainzer Bildhauer Hans Backoffen und seine Frau gestiftet haben. Die beiden Stifter sind im Sockel der Kreuzigungsgruppe zu sehen. Hans Backoffen, der als Baumeister einige Jahre dem Kirchenvorstand von St. Ignaz angehörte, hatte dieses Werk begonnen. Nach seinem Tod wurde es von seinen Schülern vollendet.

P. Klemens M. Raczek O.Carm.

KATHOLISCHE PFARRGEMEINDE ST. IGNAZ
Kapuzinerstraße 36
55116 Mainz
Gottesdienst:
Sonntag: 18.30 Uhr
Samstag: 18.30 Uhr, 10 Uhr, 18.30 Uhr
Öffnungszeiten:
9.30 – 19 Uhr
Pfarrbüro geöffnet:
Dienstag und Mittwoch 9 – 12 Uhr
Donnerstag 14.30 – 17 Uhr
Kontakt:
Tel. 06131/224264
Fax: 06131/224265

Die beiden Namen, unter denen dieses Gotteshaus in Mainz bekannt ist, Seminar- oder Augustinerkirche, spiegeln seine lange Geschichte wider.

Um 1260 kamen Augustinereremiten nach Mainz, die nach der Regel des Kirchenvaters Augustinus (+ 430) mit dem urkirchlichen Ideal „auf dem Weg zu Gott eine Seele und ein Herz" (Apostelgeschichte Kapitel 4, Verse 31-35) zu sein, lebten, und bauten Kirche und Kloster. Wie die anderen Bettelorden widmeten sie sich der städtischen Seelsorge. Größten Wert legten sie auf die theologische Bildung, in deren Mittelpunkt die wissenschaftliche Beschäftigung mit der Heiligen Schrift stand. Im 1768 begonnenen Neubau der Klosterkirche lässt sich ihre biblisch-augustinisch geprägte Frömmigkeit auf der Grundlage des Konzils von Trient ablesen. Dass der Neubau für eine Bettelordenskirche prächtig ausfiel, verdanken wir dem Mäzenatentum des Stiftsadels. Erzbischof und Kurfürst Emmerich Joseph wollte auch keine „Bauernkirche" in seiner Residenzstadt. Im Zuge der Säkularisation wurde das Kloster aufgehoben und die leer stehenden Gebäude Bischof Colmar (gest. 1818) für das 1660 gegründete Priesterseminar übergeben. Während des 19. Jahrhunderts unter Bischof Ketteler und nach dem Konzil unter Weihbischof Reuss wurde das Mainzer Seminar ein weltweit anerkanntes Vorbild katholischer Priesterausbildung. Inmitten der Altstadt, in der schmalen, lebendigen Augustinerstraße, südlich des Domes,erhebt sich die prachtvolle Fassade der Augustinerkirche. Sie steht bewusst in der Flucht der übrigen Häuser als „Zelt Gottes unter den Menschen" (Offenbarung des Johannes Kapitel 21, Vers 3). Während des Tages fordert das offen stehende Portal vorübergehende Menschen ständig auf, einzutreten. Die aus rotem Sandstein erbaute Fassade zeigt in ihrem Figurenschmuck die Marienkrönung durch die Allerheiligste Dreifaltigkeit, der auch die Kirche geweiht ist, flankiert von dem Ordensheiligen Augustinus, der eines seiner Hauptwerke über das Geheimnis der Trinität geschrieben hat, und seiner Mutter Monika. Die Eintretenden überrascht die Weite des festlichen Raumes, in dem Langhaus und Chor unmittelbar ineinander übergehen, mit seiner zarten und duftigen Rokokodekoration. Jedes Detail und jeder Schmuck wurde von den Augustinergelehrten theologisch durchkomponiert. Chor und Kirchenschiff repräsentieren die auf Schrift und Tradition (repräsentiert durch die vier Evangelisten bzw. die vier lateinischen Kirchenväter) aufbauende universale Kirche. Alle Linien des Raumes streben auf den unter einem kostbaren Baldachinthronaltar stehenden Tabernakel zur Verehrung der Eucharistie. Der Hochaltar zeigt (nach dem Vorbild von P. P. Rubens) die Kreuzabnahme Jesu, darüber Gottvater und die Taube des Heiligen Geistes. Eine ikonographische Besonderheit deutet das Programm des Altares: Auf Befehl Gottvaters zerreißt ein Putto den „Schuldschein der Menschheit" (Kolosser Kapitel 2, Vers 14) als Zeichen für den Opfertod Christi, der in der Feier der Eucharistie gegenwärtig wird. Abra-

Augustinerkirche: der Rokoko-Innenraum

ham, der Isaak opfern will, und der Priesterkönig Melchisedek mit den Gaben Brot und Wein stehen für die alttestamentlichen Vorbilder der hl. Messe. Auch der helle, lichte, heitere Raum der Kirche bildet den Festsaal des himmlischen Hochzeitsmahles vor. Alle Menschen sind eingeladen und erfahren ihre Bestimmung. Der Himmel reißt auf: Irdisches und Ewiges bilden eine Einheit. Im Mittelpunkt des riesigen Deckengemäldes, das als Einziges den Bombenkrieg in Mainz überstanden hat, erblicken wir die Glorie der Dreifaltigkeit, der Augustinus sein brennendes Herz, das Symbol seiner glühenden Gottesliebe, entgegenhält. Der schwäbische Maler Johann Baptist Enderle (gest. 1798), zu dessen Hauptwerken die Fresken gehören, stellt den größten lateinischen Kirchenvater in weiteren Bildern als Kirchenlehrer, als Vater vieler Ordensgemeinschaften mit der Bei-

Mariengnadenbild (um 1420)

schrift aus der Regel „vor allem anderen soll Gott geliebt werden, dann der Nächste" und als Verteidiger der Wahrheit dar. Für Augustinus als Theologen der Trinität wurde eine Szene gewählt: Augustinus begegnet, als er über das Geheimnis der Dreifaltigkeit nachdenkend am Meeresufer entlang schreitet, einem Kind, das sich müht, das Meer in ein Sandloch zu schöpfen. Der Heilige erklärt diese Mühe als vergeblich, worauf das Kind erwidert, es sei ebenso unmöglich, das Mysterium der Trinität zu ergründen. Den Mittelpunkt der Chorfresken bildet die Taufe des Augustinus, umgeben von Szenen aus seiner Jugend, die seinen Weg vom „Sünder" zum „Heiligen" nacherzählen. Auf dem die ganze Kirche umziehenden Kranzgesims tummeln sich Putti, die Schriftbänder mit Bibelzitaten in den Händen halten, die auf die darüber gemalten zwanzig Tugendallegorien hinweisen und sie erläutern. Die Tugenden bilden die Verbindung zwischen dem irdischen Leben und der angestrebten himmlischen Herrlichkeit. Wie durch ein Wunder überstand die originale Ausstattung den Krieg und die Purifizierungen des 19. Jahrhunderts. Hinzugefügt wurde nur ein den neuen liturgischen Richtlinien entsprechender bronzener Zelebrationsaltar, der aber die elegante Linienführung des Raumes nicht unterbricht. Die Seitenaltäre, früher Bruderschaften zugeordnet, sind dem heiligen Sebastian als Pestpatron, dem Augustinerheiligen Nikolaus von Tolentino, Maria „vom Trost" und Maria „vom guten Rat" geweiht. Symbole des Priestertums schmücken die Kanzel. Zu der alle Sinne ansprechenden Liturgie gehört auch zuvorderst die Musik. Deshalb besitzt die Kirche in der Stumm-Orgel (1774) ein besonders wertvolles Instrument. Gegenüber der Skulptur des heiligen Josef steht in einer Nische ein hoch verehrtes Gnadenbild, das 1793 aus der brennenden Liebfrauenkirche gerettet wurde. Der Thron ist versilbert und mit eingepunzten Blattornamenten versehen. Maria sitzt auf einer mit einem Kissen belegten Bank in frontaler Stellung ganz leicht nach vorne gebeugt und hält mit beiden Armen das halb liegende, halb auf ihrem rechten Oberschenkel sitzende Kind. Sie ist in die Betrachtung des spielenden Knaben versunken, der in der linken Hand einen Vogel hält, der ihm in den Finger pickt, ein Hinweis auf die Passion des Herrn. Die Muttergottes ist eines der besten und vornehmsten Werke der späteren Zeit des Weichen Stiles am Mittelrhein um 1420. Durch die Lösung, die für die spätbarocke Fassade in der engen Gasse gefunden wurde, durch den großzügigen Rokoko-Innenraum mit Stuckarbeiten und den beiden Deckengemälden Enderles, die wertvolle Barock- bzw. Rokoko-Ausstattung sowie die gotische Madonna mit Kind und die „Stumm"-Orgel besitzt die Augustinerkirche eine hervorragende Stellung unter den Mainzer Kirchen.

Dr. Helmut Hinkel

AUGUSTINERKIRCHE / SEMINARKIRCHE
Augustinerstrasse 34
55116 Mainz
Gottesdienst:
Während des Semesters:
Donnerstag 18.15 Uhr
Öffnungszeiten:
Während des Semesters:
Montag bis Freitag 8 - 17 Uhr
Samstag/Sonntag 9 - 17 Uhr
Kontakt:
Tel.: 06131/266-0
Fax: 06131/266-388
E-Mail:
regens@priesterseminar-mainz.de

Wenig Gefallen fand es bei Goethe, das just erbaute Kirchlein, als er es am 11. August 1815 bei einem gemeinsamen Spaziergang mit dem damaligen Stadtbibliothekar Prof. F. Lehne durch das sog. Heilige Thal erblickte. So zumindest berichtet deren Begleiter Sulpice Boisserée: „Auf dem Rückweg fanden wir eine schlecht gebaute Kirche im Dorfe, ganz neu im byzantinischen Geschmack von einem französischen Ingenieur; das machte sich nun gut neben der römischen Wasserleitung und dem Gespräch im Weingarten; Goethe neckte mich damit." (*nach: A. Boerkel: Aus der Mainzer Vergangenheit, Mainz 1906, S. 61)*

Doch gerade die von Goethe damals abgelehnte zeitgenössische Bauweise macht St. Achatius heute architekturhistorisch so bedeutend, ist dies doch der einzige Kirchenbau in Mainz aus napoleonischer Zeit. Ab 1809, nach Plänen des französischen Architekten F.A. Cheussey auf einem kleinen Hügel über der Zaybach am östlichen Ende des kleinen Vorortes Zahlbach, nicht weit von den Römersteinen errichtet, stellt der fast unscheinbare, ungegliederte Putzbau, dessen Längsseiten allein von den hochsitzenden Halbkreisfenstern durchbrochen werden und dessen fensterlose Westwand nur ein

Blick in den Altarraum

einfaches pilastergerahmtes Portal mit flachem Dreiecksgiebel aufweist, eines der seltenen Beispiele der Empire-Zeit in Mainz dar.

Der Grundriss des kleinen Langhaus-Saales mit dem eingezogenen Chor dürfte schon in kurfürstlicher Zeit entworfen worden sein. Der sich an den Chor anschließende Turm, der wegen der Lage der Kir-

che im Schussfeld der Festung Mainz niedrig gehalten werden musste, besitzt unten ebenfalls nur die bescheidenen Sakristeifenster und ein Halbrundfenster darüber; das erste Gesims in Höhe des Dachfirstes von Chor und Schiff trägt auch die Dreiergruppen der Schallfenster. Den oberen Abschluss bilden vier Giebel, die ähnlich der Westfassade ohne schmückende waagerechte Gesimse bleiben. Selbst die Laterne auf dem Kreuzungspunkt des Turmdachs wirkt in ihrer Schlichtheit etwas provisorisch, könnte aber dennoch schon ursprünglich so geplant gewesen sein.
Dem Außenbau entsprechend ist auch der Innenraum zurückhaltend gestaltet. Es werden gezielt alle Architekturglieder vermieden, die aus behauenem Stein sein könnten. So fehlen beim weiten, den gesamten Chor überspannenden Triumphbogen, die üblicherweise als Auflage dienenden Kämpfer. Die großen Putzflächen der Wände von Chor und Schiff werden nur nahe der Decke von den acht Lunettenfenstern durchbrochen. Chor und Langhaus werden durch Spiegelgewölbe aus Rabitz über einem schmalen Stuckgesims abgeschlossen. Der einzige reicher geformte Bauteil ist die Empore auf zwei dorischen (Holz-)Säulen mit einer Felderbrüstung.
Die Einrichtung entstammt zum größten Teil der Zeit um 1820 bis 1830, also kurz nach Fertigstellung der Kirche. Einige ältere Stücke wurden wegen der Armut der damaligen Zeit wahrscheinlich aus dem zwischen 1805 – 1812 niedergelegten benachbarten Kloster Dalheim, aus der vorhergehenden Kirche und anderswoher besorgt. Blickfang im Kircheninneren ist der Hochaltar, ein säulenbestückter Holzrahmen um einen Tabernakel, ursprünglich bis auf die Figuren in weiß und gold gefasst, seit der Renovierung 1982/83 jedoch teilweise marmoriert. Besondere Erwähnung verdient der, je nach Anlass, drei unterschiedliche Ansichten zeigende Drehtabernakel, geziert mit Rokaillen; der umgebende klassizistische Rahmen ist mit Urnen und Festons aus der Zeit um 1780/90 versehen. Das silbern glänzende Lamm Gottes auf dem Tabernakeldach besteht aus Stuck. Auch die den Rahmen bekrönende „goldene" Immaculata dürfte aus der Zeit um 1820 stammen, während die beiden seitlich des Tabernakels stehenden kleineren Figuren des hl. Rochus und Antonius Eremit wohl um 1700 entstanden sind.
Die ursprüngliche Kanzel wurde um 1900 durch eine eigentlich für St. Quintin 1823 angefertigte ersetzt. Reich geschmückt besteht sie aus marmoriertem und vergoldetem Holz, die Lambrequins, das Evangelienbuch und die Wolken auf dem Deckel sind weiß gefasst. Der kreisförmige Kanzelkorb trägt die Symbole von Kirche und Synagoge in Form der Insignien des Papst- und Hohenpriestertums, am unteren Rand einen Lorbeerkranz, den untersten Abschluss bildet ein Pinienzapfen. Die schmale Rückwand trägt ein vergoldetes Medallion mit den Buchstaben IHS.
In eine Nische mitten in der Südwand des Schiffes eingelassen ist der 1824 angeschaffte Beichtstuhl, ursprünglich wohl gefasst, 1956 abgelaugt und nunmehr holzfarbig mit vergoldeten Kapitellen. Die drei Öffnungen werden durch Pilaster eingerahmt, wobei die inne-

ren wegen des vorgezogenen Mittelteils schräg gestellt sind. Die Mitte ist von einem Giebel mit einer Urne bekrönt, zu ihr leiten Voluten über den Seitentüren hin.
Ebenfalls aus der Erbauungszeit der Kirche stammen die Kirchenbänke mit den einfachen, gerade abgeschlossenen Wangen, darunter eine mit den Initialen JR. An der Westwand findet man ein bemerkenswertes sechssitziges Kirchenvorstandsgestühl mit einer durch Pilaster gegliederten Rückwand aus Eichenholz.
Besondere Beachtung sowohl für das Auge wie für das Ohr verdient die Orgel, deren Prospekt noch aus der Dalheimer Klosterkirche stammen soll. Weiß-gold gefasst setzt dieser sich aus einem dreieckigen Mittelturm, zwei überleitenden harfenförmigen Feldern und zwei hohen Rundtürmen zusammen; die Mitte wird von Wolken und Strahlen, die seitlichen Türme von Posaune blasenden Putten gekrönt. Im Herbst 1997 wurde eine völlig neue und „wohltemperierte" einmanualige Orgel in das vorhandene Gehäuse auf der Empore eingebaut.
Auch die zahlreiche Bildwerke verdienen die Aufmerksamkeit bei einer Besichtigung des Kirchleins, das nach dem Hl. Achatius benannt ist. Seine Figur steht – 1,41 m groß und vor 1800 geformt – als Ritter in barocker Rüstung mit Helm und Mantel auf der linken Seite im Altarraum; die weiße Fassung der Plastik kennzeichnen sie als ein Werk der Klassik.
An der Kirchenostseite steht eine vermutlich in der Mitte des 18.Jahrhunderts ebenfalls aus Holz geformte Immaculata. Da ihre linke Hand ehemals jedoch ein Attribut – vermutlich eine Märtyrerpalme – hielt, stellte sie wohl ursprünglich eine hl. Justina dar, Schwester des Märtyrerbischofs Aureus, beide in der Zeit der Völkerwanderung am Ort des heutigen Hauptfriedhofs von den Hunnen ermordet.
Auf der rechten Seite des Kircheninnenraums findet man eine aus der 2. Hälfte des 18. Jahrhunderts stammende, eindrucksvolle freie Nachbildung des hochverehrten Heilands der Wieskirche bei Steingaden, denn die Inschrift auf der Geißelungssäule neben der hölzernen, nur mit einem goldenen Lendentuch bekleideten Christusfigur „Ecce homo" erläutert: „Nach dem / Gnadenbild / Im Oberland / Bayern".
Ebenfalls möglicherweise eine Nachbildung eines Gnadenbildes ist die kleine, nur 56 cm hohe Pieta, eine wunderschöne bäuerliche Arbeit etwa des 17. Jahrhunderts mit auffallend kleinem Christuskörper auf einer Sockelplatte mit vier Kugelfüßen am Treppenaufgang zur Empore.
Aus der 1. Hälfte des 18. Jahrhunderts dürfte die hölzerne Kreuzigungsgruppe im Kircheninnern auf der Westseite stammen, die Maria und Johannes in starker Bewegung unter dem auf einem Erdsockel mit Totenkopf aufgebauten Kreuz mit dem wohl gerade verstorbenen Christus zeigt; die ebenso eindrucksvolle Kreuzigungsgruppe an der Außenfassade links neben dem Eingang zur Kirche wurde 1908 von einem Kostheimer Bildhauer gestaltet.
Zu den Schmuckstücken in der Kirche zählt zweifelsohne die gerade

frisch restaurierte Darstellung der Weihnachtsszene, ein großes maniristisches, um 1600 entstandenes Ölgemälde auf Eiche, das die Anbetung der Hirten im Stall zu Bethlehem zeigt, über denen sich der Himmel öffnet, aus dem der hl. Geist und die verkündigenden Engel herabschweben. Durch ein seitliches Fenster eröffnet sich ein Ausblick auf eine Wiese mit der Verkündigungsszene.
Gegenüber hängt seit 1983 wieder ein ebenfalls beachtenswertes Gemälde im Stil um 1600 mit einer Darstellung von Christus zwischen einem Soldaten und Pilatus und einer Inschrift nach Johannes Kapitel 19, Verse 18 und 19 (Ecce homo ...).
Noch viel mehr ist zu finden in und um dies Kirchlein im Heiligen Thal. Entdecken Sie den in roten Sandstein gemeißelten Nonnenkopf – wohl Rest eines barocken (Äbtissinnen-?) Grabsteins aus dem Kloster Dalheim – eingemauert im Turm über der Tür zum Speicher. Oder eine Holzfigur des hl. Judas Thaddäus in der Eingangsdiele zum Pfarrbüro. Oder die Darstellung der oben erwähnten Ermordung des Märtyrerbischofs als Bild im Seminarraum des Pfarrhauses.
Auch wenn Goethe damals an der Zahlbacher Kirche wenig Gefallen fand, heute würde er sicher anders urteilen. Überzeugen Sie sich selbst.

Dr. Erich Zehnder

<u>PFARRKIRCHE ST. ACHATIUS</u>
Backhaushohl 6
55128 Mainz-Zahlbach
<u>Gottesdienst:</u>
Im Wechsel mit Hl. Kreuz:
Samstag 18:30 Uhr
Sonntag 9 Uhr oder 10:30 Uhr
<u>Öffnungszeiten:</u>
Nach Absprache mit dem Pfarrbüro
<u>Kontakt:</u>
Pfarrbüro:
Tel: 06131-34526
Fax 06131-337515
Montag, Donnerstag 9 bis 12 Uhr
Mittwoch 15 - 18 Uhr

Die Kirche „St. Kilian", direkt am Mainufer gelegen, ist ein besonderes Wahrzeichen Kostheims.
Im 18. Jahrhundert galt sie als eine der schönsten Barockkirchen am Untermain, wurde jedoch in den napoleonischen Kriegen zerstört und 1836 an gleicher Stelle neu erbaut. In den Jahren 1894 / 1895 wurde das bis dahin gebaute Hauptschiff um ein Seitenschiff – dem hl. Herzen Jesu geweiht – erweitert. Dies wurde durch die rasch wachsende Gemeinde notwendig. Durch Kriegszerstörungen und ein verändertes Verständnis der Liturgie wurde das Innere der Kirche der jeweiligen Situation angepasst.

Blick in den Altarraum

In den 60er Jahren erfolgte eine große Umgestaltung des Altarraumes, welcher 1984 mit einem neuen Altarbild und Kreuz seinen Abschluss fand. Noch heute ist dieses Altarbild ein Blickfang beim Betreten der Kirche. Der Mainzer Künstler Alois Plum richtete seine Bildgestaltung auf die an der Chorwand angebrachte Kreuzigungsgruppe aus. Dabei benutzte er verschiedene Symbole, beginnend mit einer Weintraube – in Bezug auf die Weinbaugemeinde Kostheim – bis hin zu den Symbolen der verschiedenen Sakramente. Beim längeren Betrachten kann eine stilisiert angedeutete Hand erkannt werden, die den Bund Gottes mit den Menschen verdeutlichen soll. Außerdem sind vier Lebewesen, wie sie im 4. Kapitel der Offenbarung des Johannes benannt sind, abgebildet. In der Offenbarung heißt es: „Und in der Mitte, rings um den Thron waren vier

Lebewesen.... Das erste glich einem Löwen, das zweite einem Stier, das dritte sah aus wie ein Mensch, das vierte glich einem fliegenden Adler." Die Aufgabe dieser Lebewesen war es, das Lob Gottes auszurufen. Dieses Lob Gottes ruft auch die Gemeinde aus, wenn sie sich zur Eucharistiefeier versammelt.
Links vom Altarraum befindet sich der Muttergottes-Altar sowie, an der rechten Seite, der Josefs-Altar. Zusätzlich sind an der rechten Wand des Hauptschiffes die Figuren des hl. Kilian – Schutzpatron der Kirche – und der hl. Elisabeth angebracht. Unter den farblich gestalteten Fenstern ist besonders das Fenster vorne rechts zu beachten mit der Darstellung des himmlischen Jerusalem (Hindorf; 1970).
Im Seitenschiff sind besonders hervorzuheben die aus Holz geschnitzten 14 Stationen der Kreuzigung Jesu.
Im September 2004 wurde der Innenraum der Kirche renoviert und das Altarbild restauriert. Zusätzlich wird die Kirche nach 55 Jahren Behelfsorgel im Jahr 2005 eine neue Orgel erhalten.

Jutta Barthel und Ulrike Weißenberger

<u>KATHOLISCHE KIRCHE ST. KILIAN</u>
Am Kirchplatz 1
55246 Mainz – Kostheim
<u>Gottesdienst:</u>
Samstag 18 Uhr
In der Regel
1. und 3. Sonntag im Monat:
9 Uhr
2. und 4. Sonntag im Monat:
10.30 Uhr
<u>Öffnungszeiten:</u>
Täglich
<u>Kontakt:</u>
Tel.: 06134–63742
Fax: 06134–714871
E – Mail: st.kilian-kostheim@web.de

Die Pfarrkirche in Mainz-Finthen wurde 1852-1854 unter Pfarrer Anton Autsch (1837-1863) erbaut und am 7. September 1854 von Bischof W. E. von Ketteler eingeweiht.
Sie ist ein dreischiffiges Langhaus mit einem überhöhten Mittelschiff und einer flachen Holzdecke. Ihr Mauerwerk besteht aus naturbelassenem hellem Bruchstein. Das 33,5 m lange Mittelschiff ist durch rechteckige Arkaden von den Seitenschiffen getrennt.
Der Kirchenbau lehnt sich asymmetrisch an den 50 m hohen Turm an, dessen unterer Teil der älteste des Bauwerks ist. Unter Pfarrer Joseph Kempf (1887-1913) wurde der Turm erhöht, weil der Neubau einen Teil der Schalllöcher verdeckte und den Läute-Effekt beeinträchtigte. Deshalb liegt das eingefügte „Stockwerk" erheblich über dem Dachfirst des Langhauses und dient jetzt als „Glockenstube".
Das rechte Seitenschiff hat zwei Eingänge: das Südportal und den Eingang zur Muttergotteskapelle. Das Südportal - ursprünglich das Hauptportal - wird zu beiden Seiten von je einer Säule mit Würfelkapitell begrenzt, die von Mauerwülsten im Portalbogen fortgesetzt werden. Zwischen Bogenspannung und Türsturz befindet sich ein Tympanon (griech.Trommel), das mit dem Flachrelief eines „umkreisten" Kreuzes ausgestattet ist. Der heute als Hauptportal geltende Westausgang ist eher schmucklos und sollte eigentlich nur ein „Thürchen" werden.
Der Eingang zur „Muttergotteskapelle", wird von zwei Säulen mit Blattkapitellen umrahmt. Über der Bogenspannung ist in einer Mauernische eine Marienstatue aus dem 19. Jahrhundert aufgestellt.
An der südlichen Außenwand des Turmes befindet sich ein Steinkreuz, entstanden in der zweiten Hälfte des 17. Jahrhunderts unter Pfarrer Jacob Spang (1668-1689). Im 2. Weltkrieg wurde der Corpus von einem Artillerie-Geschoss beschädigt. Pfarrer Sylvester Hainz (1960-1981) ließ den wertvollen Corpus aus rotem Sandstein restaurieren und erneut am Kreuz anbringen.
Auch eine „Krypta" ist vorhanden, weil man das abschüssige Gelände am Ostteil der Kirche nicht mit Sand auffüllen wollte. Deshalb ist diese „Krypta" auch keine unterirdische Anlage. Sie ist heute Abstell- und Heizungsraum und nur noch von außen zugänglich.
In der Kirche, nahe dem Westeingang, steht der wuchtige Taufstein aus der alten Kirche, der lange Zeit verschollen war, bis man ihn auf einem Hof entdeckt hat, wo er als Brunnentrog verwendet wurde. Auf einer Seitenfläche ist die Zahl 1492 eingemeißelt, vermutlich das Jahr seiner Entstehung. Er gehört zu den „Löwentaufsteinen", deren Fuß von vier liegenden Löwen gebildet wird, die leider nicht mehr vorhanden sind. Der Taufstein dient heute als Weihwasserbecken.
An der westlichen Rückwand befindet sich eine „Kreuzigungsgruppe". Das Kreuz wird aber nicht - wie gewohnt - von Maria und Johannes „eingerahmt", sondern von den beiden Kirchenpatronen

Blick zum Zelebrationsaltar und zur Apsis mit Hochaltar

St. Martin und St. Georg. Beide Statuen, um 1700 aus Holz geschnitzt, zierten schon die alte Kirche. Das Kreuz stammt aus Flonheim, der Corpus aus Mittelheim/ Rheingau.
An den Wänden beider Seitenschiffe sind Heiligenfiguren aufgestellt. Die meisten sind nicht eigens für die Pfarrkirche geschaffen, sondern wurden im Laufe der Zeit „zusammengetragen". Die Wichtigsten stellen die hl. Bonifatius, Antonius v. Padua, Johannes der Täufer, Franz v. Assisi, Rochus, Wendelinus, Aloisius und Sebastian dar. Die Figur des hl. Christophorus, an einer Säule angebracht, stammt aus Meran (Tirol).
In der Mitte des linken Seitenschiffes befindet sich der Taufstein, der schon in der alten Kirche benutzt wurde. Den Deckel ziert eine figürliche Darstellung der Taufe Jesu im Jordan durch Johannes.
An der Stirnseite des linken Seitenschiffes steht der Kreuzaltar aus dem Jahr 1906. Die Reliefs des Altaraufbaus zeigen die „Kreuzauffindung" und die „Kreuzerhöhung". Das Kreuz, das den Altar überragt, um 1700 entstanden, wurde aus der alten Kirche übernommen.
Im Chorraum der Kirche steht vorne ein neuer „Zelebrationsaltar"

Die Glockenstube

aus Natursandstein, zusammen mit einem gleichgestalteten Ambo. Eine Besonderheit ist die Anlage des „Reliquiengrabes", das nicht - wie sonst - in die Altarplatte eingearbeitet ist. Die Reliquien sind auf der Vorderseite des Sockels hinter Glas sichtbar.
In der Apsis steht der Hochaltar aus dem Jahr 1900. Unter dem Altartisch aus rotem Sandstein befinden sich fünf Reliefs aus weißem Courson. Sie haben alle eine Beziehung zur Eucharistie, die im Tabernakel dieses Altares aufbewahrt wird. Auf dem Altaraufbau ist die Hochzeit zu Kana und das letzte Abendmahl dargestellt. Die Concha in der Apsis des Hauptschiffes ist ausgemalt mit einem Bild, auf dem Christus inmitten von Heiligen thront, die Bezug haben zu Deutschland, zur Diözese Mainz, oder zur Pfarrgemeinde. Auch die Finther Jungfrau Agnes Pfeifer, die 1754 bei der Verteidigung ihrer Unschuld ermordet wurde, ist zu erkennen (Ostereier!). Sie hat keinen Heligenschein.
Auf der rechten Wand im Chorraum befindet sich die „Schutzmantelmadonna", eine 1,10 m hohe spät-gotische Plastik aus Lindenholz. Sie kam unter Pfarrer Autsch nach Finthen und ist ein bedeutendes Kunstwerk: Maria trägt das Jesuskind auf dem Arm. Engel halten ihren weiten Mantel ausgebreitet. Viele Menschen aller Stände sind darunter geborgen.
Der „Chor" des rechten Seitenschiffes gilt von Anfang an als „Muttergotteskapelle". Sie wurde 2003 umgestaltet und durch ein Gitter vom übrigen Kirchenraum abgetrennt. An der Stirnwand befindet sich der Marienaltar aus dem Jahr 1892. Die Seitenflügel des 1935 umgebauten Altaraufsatzes sind mit geschnitzten Reliefs versehen. Sie zeigen Szenen aus dem Marienleben. Über dem Tabernakel steht eine barocke Marienstatue aus der alten Kirche. In der Muttergotteskapelle befinden sich die Gräber der Jungfrau Agnes

Pfeifer und des Pfarrers Joseph Kempf. Durch einen eigenen Eingang ist die „Kapelle“ tagsüber jederzeit zugänglich.
Erwähnenswert sind auch die zwölf (!) Kreuzwegstationen aus dem Jahr 1965.
Der Gemeindegesang wird von einer Orgel begleitet, die 1853 von B. Dreymann gebaut wurde. Sie ist leider nicht mehr im Original vorhanden. Lediglich einige Register gehen auf Dreymann zurück.
Das Geläute der Kirche besteht aus fünf Glocken:

1. Philippsglocke (gegossen 1895 - 2090 kg),
2. Marienglocke (1895 - 1060 kg),
3. Josefsglocke (1956 - 850 kg)
4. Martinusglocke (1897 - 450 kg)
5. Bernhardsglocke (seit 2004 - 382 kg).

Vieles konnte aus Platzgründen nicht geschrieben werden: Wer neugierig geworden ist, dem wird dringend ein Besuch der Kirche empfohlen!

Walter Kost

PFARRKIRCHE ST. MARTIN
Borngasse 1
55126 Mainz-Finthen:
Gottesdienst:
Sonntag 10 Uhr
Öffnungszeiten:
1.4 - 30.9. von 9 bis 18 Uhr
1.10. bis 31.3. von 9 bis 17 Uhr
Kontakt:
Tel. 06131/40262
Fax: 06131/475369

Einer der jüngsten katholischen Kirchenbauten in der Stadt Mainz findet sich im Stadtteil Finthen, auf dem Gebiet der Römerquelle, direkt an der Endhaltestelle der Straßenbahnlinie 50.
In den späten 70er Jahren, als die Planungen für das Baugebiet Römerquelle konkretisiert wurden, fasste die Kirchengemeinde St. Martin, Finthen, damals unter der Leitung von Pfarrer S. Hainz, den Beschluss, mit einer Kirche auch in diesem Neubaugebiet präsent zu sein.
Aufbauend auf den Plänen des heutigen Paderborner Diözesanbaumeisters Dr. Peter Ruhnau errichtete der Architekt Günter Roßellit vom Gemeinnützigen Siedlungswerk Frankfurt die Filialkirche.
Das Bauwerk selbst besticht durch den einem Zeltdach nachempfundenen Innenraum, der sich ganz auf den Altar hin ausrichtet und die Geschlossenheit der Gottesdienstgemeinde fördert.
Die Kirche bildet eine bauliche Einheit mit dem Klostergebäude der Missions- und Anbetungsschwestern von der Hl. Familie.
Im Januar 1984 weihte Bischof Karl Lehmann die Kirche ein. Als Patronin dieses Gotteshauses hat die Kirchengemeinde die Heilige Hedwig erwählt, insbesondere um die Verbindung zu den Gemeindemitgliedern aus den Schlesischen Gebieten deutlich zu machen und ihnen in besonderer Weise eine geistige Heimat zu bieten.
Die Heilige Hedwig setzte sich für ein friedliches Zusammenleben und die Verständigung von Deutschen und Polen in Schlesien ein. Deshalb wird sie von beiden Völkern gleichermaßen verehrt.

Tabernakel

Auch die enge Verbindung zum Finther Ortskern wird im Inneren der Kirche deutlich gemacht. Zum einen hat man dem frühgotischen Sakramentshäuschen aus der ca. 1320 errichteten, aber um 1630 abgebrannten alten Pfarrkirche (St. Georg) von Finthen einen Platz gegeben. Dieses Kunstwerk wird in der neuen Kirche - entsprechend seiner ursprünglichen Verwendung - wieder als Tabernakel verwendet.
Zum andern ziert die Ostwand der Kirche ein „Sippenbild" im gotischen Stil aus der Finther Pfarrkirche mit einer Darstellung Mariens mit dem Jesuskind, dem Hl. Josef und - auf der anderen Seite - Anna und Joachim, den Eltern der Gottesmutter. Dieses Kleinod

Sippenbild

dürfte um 1500 entstanden sein. Es stammt aus dem rheinhessischen Wackernheim und war seit 1901 in der Pfarrkirche zu sehen. Aufwändig restauriert wurde es der Hedwigskirche zum Geschenk gemacht.
An der nördlichen Wand des Chorraums lädt ein Kreuz aus der Zeit des Barock zum Gebet ein.

Hans Robert Maier

FILIALKIRCHE ST. HEDWIG,
Rosmerthastraße 46
Geöffnet zu den Gottesdienstzeiten:
Samstags um 18 Uhr
Kontakt:
Pfarrhaus, Borngasse 1
55126 Mainz
Tel.: 0 61 31 / 4 02 62
Fax.: 0 61 31 / 47 53 69

Kapelle der Schwestern von der Göttlichen Vorsehung in Mainz-Finthen

Mitten im Herzen von Finthen liegt das Kloster der Schwestern von der Göttlichen Vorsehung. Im Jahr 1851 gründete Bischof Ketteler die Gemeinschaft der Schwestern.
1851 wurde das Kloster mit einer kleinen Kapelle eingeweiht. Die Kapelle wurde dem Heiligen Josef geweiht. 1860 kam das Allerheiligste in diese Kapelle.

Die jetzige Kapelle wurde 1887 gebaut und von Bischof Haffner geweiht.
Im Chorraum befindet sich ein wunderschön geschnitztes Holzkreuz, gestiftet von Herrn Prof. Dr. Faßbender. Die beiden Fenster im Chorraum zeigen zwei Engel.
Der Tabernakel, eine Bronzearbeit, befindet sich links im Hauptschiff. Rechts vorne sieht der Beter und Kunstinteressierte eine seltene Figurengruppe. Sie gilt als spätmittelalterliches Holzbildwerk und zeigt eine "Anna Selbdritt"-Darstellung. Zwischen Maria, der Mutter Jesu, und Anna, der Mutter Mariens, sitzt das Jesuskind (mit Traube). Alle drei sitzen auf einer Bank. Hervorgehoben ist Maria mit einem Buch in der Hand, ein Hinweis auf das Wort Gottes. Die Figurengruppe ist einmalig und stammt etwa aus dem 15. Jahrhundert. Der Künstler ist unbekannt.
Sehenswert ist auch der Kreuzweg, eine Keramikarbeit.
Das Mittelschiff enthält sechs Glasfenster mit Medaillons aus buntem Glas mit den Votiven: Verkündigung, Weihnachten, Maria Himmelfahrt, Herz Jesu, Kreuzigung, Hl. Familie in der Werkstatt. Bei Sonnenschein strahlen die Bilder in wunderschönen Farben.

Sr. Daniela Metz

SCHWESTERN VON DER GÖTTLICHEN VORSEHUNG
Poststr. 71
55126 Mainz
Gottesdienst:
Samstag: 17 Uhr
Sonntag: 8 Uhr
Öffnungszeiten:
täglich 8 – 18 Uhr (Bitte an der Klosterpforte klingeln!)
Kontakt:
Tel. 06131/40230

Die Kapelle „St. Klara" des Klosters der Klarissen-Kapuzinerinnen von der Ewigen Anbetung

Im Zentrum von Mainz – das Gutenberg-Denkmal im Rücken, das Staatstheater vor Augen – findet man etwa 200 Meter links hinter dem Theater unauffällig an einer Hauswand in der Gymnasiumstrasse 7 das Hinweisschild: „Kloster der Klarissen-Kapuzinerinnen". In einer darüber befindlichen Nische grüßt die Statue der Hl. Klara. Daneben lukt ein kleiner Glockenturm hervor.

Hier leben zur Zeit 10 Ordensfrauen die Nachfolge Christi im Geiste der Hl. Klara und des Hl. Franz von Assisi. Den Mittelpunkt ihres geweihten Lebens sehen sie in der Anbetung des Allerheiligsten Altarsakramentes. Ganz davon geprägt ist die 1860 unter Bischof Ketteler errichtete, im Krieg zerstörte, danach wiederaufgebaute und 1996 völlig neu gestaltete Kapelle.

Im Eingangsbereich der Kapelle begegnet man auf erschütternde Weise der dunkelsten Zeit des Klosters. Erinnert wird an den Bombenangriff am 27. Februar 1945, bei dem 41 Schwestern im Kellergewölbe unter der Kapelle den Tod fanden. Auf der Gedenktafel sind die Namen der Opfer eingeschrieben. Zum Abschluss heißt es:

Apsis mit Altarraum

Komm Braut Christ – Am 27. Febr. 1945 vernichtete ein Bombenangriff die Stadt Mainz. Im Keller des Klosters der Ewigen Anbetung vollendete sich das Sühneopfer der 41 Schwestern. Den Klugen Jungfrauen gleich wurden sie in betender Haltung gefunden. Jedes Jahr am 27. Februar findet in der Kapelle eine Eucharistiefeier statt, die im (sonst nicht zugänglichen) Keller mit einem Gedenken und mit Gebeten ihren Anfang nimmt. Die Schwestern, die damals den Tod fanden, wurden im Klausur-Bereich des Klosters begraben.

Der im franziskanischen Geist einfach gestaltete Gottesdienstraum bietet dem Besucher Wärme und Geborgenheit und lädt zum Verweilen ein. In der Kapelle ist alles auf den Tabernakelbereich ausgerichtet. Nach der morgendlichen Eucharistiefeier wird die Monstranz mit dem Allerheiligsten zur Anbetung auf dem Tabernakel-Sockel ausgesetzt. Den ganzen Tag über wechseln sich die Schwestern in der Anbetung ab. Neben den Ordensfrauen finden sich stets weitere Gläubige ein, die diesen Ort der Stille zur Besinnung und zum Gebet aufsuchen. Täglich um 17.45h beten die Schwestern mit allen Anwesenden die Vesper, an deren Ende der Sakramentale Segen erteilt wird.

Der rechteckige Kapellenraum, der ca. 50 Personen Platz bietet, ist durch eine flexible Glaswand zweigeteilt. Die halbrunde Apsis an der Längsseite bildet den Altarraum, der von der Kommunionbank eingefasst wird. Durch das in einem frischen Blauton gehaltene Apsis-Fenster wird die Monstranz auf natürliche Weise angestrahlt. Eine laternenartige Deckenöffnung lässt Licht auf den Altarraum fallen. Ein zeitgenössischer holzgeschnitzter Ambo und ein Osterleuchter ergänzen die Ausstattung. Die 1998 eingebaute zweimanualige Orgel begleitet mit ihren 11 Registern Gottesdienst und Gebetszeiten.

Die Kapelle der Ewigen Anbetung atmet jene Spiritualität, die den täglich dort betenden Schwestern zu eigen ist: „Wir leben in der Klausur nicht, um uns von der Welt abzuschließen, sondern um mitten im Herzen einer Großstadt ganz auf Christus ausgerichtet zu sein. Wir stellen uns ausschließlich in seinen Dienst und tragen die Nöte der Menschen stellvertretend vor sein Angesicht".

Dr. Peter Hilger

<u>*DIE KAPELLE „ST. KLARA" DES KLOSTERS DER KLARISSEN-KAPUZINERINNEN VON DER EWIGEN ANBETUNG*</u>

Kloster der Ewigen Anbetung
Gymnasiumstrasse 7,55116 Mainz
Gottesdienst:
Sonntags/Feiertags: 8 Uhr
Öffnungszeiten:
Sonntags: 7 – 18.15 Uhr
Kontakt:
Tel.: 06131-225981
E-Mail: ewige.anbetung-mainz@t-online.de

Kapelle zu den Heiligen Drei Königen (Maria Ward-Schule)

Fast versteckt liegt die im neo-romanischen Stil erbaute Kapelle der Maria Ward-Schwestern und der gleichnamigen Schule im Inneren des Geländes Ballplatz 1, Alter Dalberger Hof. Sie ist die einzige neuromanische Kirche des 19. Jahrhunderts in Mainz und Umgebung. Erst wenn man den kopfsteingepflasterten Hof durchschritten und die Stufen zum Garten hinaufgegangen ist, sieht man sie zur Rechten, eine kleine Kirche aus grauem Stein mit gegliedertem Portal und spitz behelmten Giebelturm. Über dem Portal steht „Tribus. Magis. Sacrum." Dieses Patrozinium der Hl. Drei Könige führt gleich in die Mainzer Geschichte der Ordensgemeinschaft. Den Schwestern, seit 1752 in Mainz, war ein Gemälde „Die Anbetung der heiligen drei Könige" von einem ihrer Hauptgönner, dem Stifter C. Altenauer, geschenkt worden, das sie beim Umzug in den Alten Dalberger Hof 1846 dankbar mitführten.
Errichtet wurde die Kapelle 1861/62 nach Plänen des Großherzoglichen Kreisbaumeisters L. Metternich. Bauherrin war die damalige Oberin Johanna Heinrich, die - die Zukunft im Blick – die Kapelle größer konzipieren ließ, als es die Mittel der Ordensgemeinschaft damals erlaubten. Sie musste dies damals mit einer „Strafversetzung" nach Worms büßen. Spätere Generationen danken ihr bis heute ihre Großzügigkeit.
Ausgemalt wurde sie nach Entwürfen von Ph. Veit durch J. Settegast und A. Lasinski, die auch die Bilder im Hauptschiff des Mainzer Doms malten. Neben den heute zu sehenden ornamentalen Elementen gab es in der Kuppel der Apsis eine Anbetung der Hl. Drei Könige sowie in den blinden Fenstern Heiligenfiguren. Feierlich eingeweiht wurde die Kapelle 1865 durch Bischof Wilhelm Emmanuel von Ketteler.
Tritt man aus dem Vorraum der Kapelle ins Innere, ist man sofort vom Gold der halbrunden Innenkuppel (Calotte) und der Fensterzwischenräume über der Apsis berührt. Es herrscht eine mystische Atmosphäre, die an byzantinische Kirchen erinnert. Diese wird verstärkt durch den illusionistisch gemalten Vorhang hinter dem Altar mit dem Christus-Symbol des Löwen, eine Reminiszenz an den Löwen von Juda (Offenbarung Kapitel 5, Vers 5). Es sind genau 12x12 Löwen.
Der Chor mit modernen Glasfenstern (1988, Münch, Großumstadt) ist nach Norden ausgerichtet.
Ins Auge fallen die schönen Ornamente des Triumphbogens (stilisierte Pinienzapfen als Symbole der Unsterblichkeit), der Jochbögen und Gewölberippen sowie die floralen Elemente der Gurtbögen zum Seitenschiff und zum heute offenen Oratorium im 1. Geschoss.
Modern gestaltet, Formen des Portals nachempfunden, sind Altar und Tabernakelstele (1988, aus Savonier-Kalkstein, Höhler/Müller, Villmar). Das ausdrucksstarke Altarkreuz von 1510/20 -alter Besitz der Ordensgemeinschaft- zieht als Zentrum den Blick auf sich.
Der Ambo besteht aus Elementen der Kommunionbank von 1878,

Gurtbögen mit floralen Ornamenten

auch das Ewige Licht und die Leuchter stammen aus der Bauzeit.
In der Mitte der Seitenkapelle ist eine Rokokomadonna von Bitterich, um 1750. Der Sockel trägt die Aufschrift „Bitt für uns und unsre Gutthäter".
Das Dreikönigsbild aus der ersten Hauskapelle der Schwestern in Mainz von 1752 fand einen Ehrenplatz rechts unten neben dem Altar.
Die Kapelle wird viel genutzt; sie dient der Ordensgemeinschaft, den Schülerinnen der einzelnen Klassenstufen, dem Lehrerkollegium, den Ehemaligen und Freunden als Gottesdienstraum: Eucharistiefeiern, Wortgottesdienste, Meditationen, auch ein Weihnachtskonzert mit Schülerchören, Trauungen, Taufen, Gedächtnisgottes-

dienste finden hier statt. Und natürlich persönliches Gebet.
Die Orgel (1924) mit 14 Registern und zwei Manualen kann recht mächtig erklingen, wie überhaupt der Raum über eine gute Akustik verfügt.
Aber auch zum stillen Verweilen lädt die Kapelle ein, gerade wenn man aus dem Trubel der Stadt in die Oase des Alten Dalberger Hofes kommt.
Die Innengestaltung der Kapelle hat zwei entscheidende Renovierungen erfahren: 1938 wurde sie einschneidend verändert: Wohl im Hinblick auf die Irrlehren des Nationalsozialismus wurde die Apsis mit einer überlebensgroßen Christusfigur im Beuroner Stil ausgemalt; die Fenster wurden deshalb zugemauert, die Innenausmalung von 1865 dabei zerstört.
1962 wurde die Kapelle im modern-nüchternem Stil des Zeitempfindens renoviert.
1988, als eine neue Renovierung anstand, wurde auf die ursprüngliche Gestaltung des Chors zurückgegriffen. An die Stelle der zerstörten figürlichen Darstellungen trat die Vergoldung, gemalte Ornamente in den Gurtbögen wurden teilweise freigelegt bzw. nach Befund neu angebracht.
Eine Tafel im Vorraum der Kapelle hält die Daten fest. Aus der Renovation von 1962 stammt das rückwärtig, am Ausgang des Innenraums, angebrachte moderne Altarkreuz.

M. Beatrice Brückner CJ

KAPELLE DER MARIA WARD-SCHULE/ MARIA WARD-SCHWESTERN „ZU DEN HEILIGEN DREI KÖNIGEN“
Ballplatz 1-3
55116 Mainz
Gottesdienste:
samstags 7.30 Uhr
sonntags 8 Uhr
Öffnungszeiten:
Die Kapelle - und damit das Tor zu Ballplatz 1 - ist immer zu den normalen Schulzeiten und zu den Gottesdiensten geöffnet. Durch Klingeln an der Haustür, Ballplatz 1, kann man auch zu anderen Zeiten Zugang bekommen.
Kontakt:
Oberin des Hauses über die Pforte
Tel. 06131/ 260 185
Fax 06131/ 260 121
e-mail: ward@mainz-online.de

Die Mutterhauskirche der Mainzer Marienschwestern zur „Schmerzhaften Mutter" (ehemalige Klosterkirche der Kapuziner)

Der äussere Bau (1900 – 1901)

Wer von der Rheinstraße in die Weintorstraße einbiegt und auf die Einmündung der Himmelsgasse in die Weintorstraße zugeht, wird ohne Ortskenntnis in dem stattlichen Kirchenbau, den er vor sich sieht, kaum eine Kapuzinerkirche vermuten. Die kraftvolle Architektur und der bauliche Formenreichtum stehen in Spannung zu den gewohnt schlichten Kirchenbauten der Franziskaner und Kapuziner. Hinter dem Portal öffnet sich eine kleine Vorhalle, die auf jeder Seite von einem Treppentürmchen auf achteckigem Grundriss flankiert wird.

Den gesamten Kirchenbau wie auch das anschließende Klostergebäude hat der Architekt Clemens Rühl im Jahr 1901 auf einen eineinhalb Meter hohen, leicht vorspringenden Sockel aus unregelmäßigen Sandsteinquadern gesetzt. Der Sockel, das Portal, die Fenstergeschosse der Treppentürmchen mit ihrem Schmuck aus Säulchen und Rundstäben, sämtliche Fenstergewände und Fensterunterteilungen, alle Gesimse und Rundbogenfriese sind aus Flonheimer Sandstein gearbeitet. Dieser schöne Werkstoff aus Rheinhessen schmückt sehr mit seinen weißlich-beigen bis ockerfarbigen Tönen.

Im kräftigen Kontrast zu den hellen Farben aller Rahmungen steht das dunkelrote und weißgefugte Mauerwerk aus Ziegeln (Backstein). Das Langhaus mit seinen Seitenschiffen gibt das Bild einer römischen Basilika. Die Fensterzone (Obergaden) des Hauptschiffes liegt über den Pultdächern der Seitenschiffe. Die Südseite der Kirche (Weintorstraße) ist im Außenbau noch einmal zusätzlich – geradezu malerisch – belebt durch die Marienkapelle; Clemens Rühl hat sie in die Querachse des Kirchenschiffes mit 5/8 Grundriss gesetzt.

Der Innenraum

Der Besucher der Mutterhauskirche empfindet den Innenraum als wohltuend und geglückt. Die Basilika ist dreischiffig und flachgedeckt. Die kräftigen, an den Ecken abgerundeten Deckenbalken, die die Längsbalken tragen, ruhen auf reich profilierten Wandkonsolen. Der eingezogene, engere Chorraum ist mit Gewölbe ausgezeichnet. Nach alter Kapuzinertradition weitet er sich nicht in eine Apsis, sondern schließt gerade. Mächtige, gebauchte, rote Sandsteinsäulen tragen zu je dreien die Arkaden zwischen Hauptschiff und den Seitenschiffen. In der Höhe des Triumphbogenansatzes umzieht ein profiliertes Sandsteingesims den gesamten Raum des Hauptschiffes. Der Gesamtlänge des Hauptschiffes (den Chorraum einbegriffen) von ca. 21 Metern, entspricht eine Mittelschiffbreite von ca. neun Metern. Die stattliche Höhe des Mittelschiffes von 12 Metern gibt befreienden Aufblick, lädt gewissermaßen zum Atmen ein und nimmt dem Kirchenraum alles Bedrückende.

Hauptaltar mit Baldarchin

Die Bauzier

Die Freude des Architekten, aus dem reichen Schatz romanischer Formen schöpfen zu können, ist allenthalben an der Klosterkirche zu spüren. Die Frontseite der Kirche öffnet sich oberhalb des Haupt-

portals mit einem achtspeichigen großen Radfenster und im Giebelfeld, das mit einem abgeschrägten Quergesims und an den aufsteigenden Seiten mit einem Rundbogenfries gerahmt ist, findet sich in der Mitte ein erhöhtes Drillingsfenster. Das Hauptportal hat über dem Türsturz ein Rundbogenfeld, das von den Bogenläufen und den Rundstäben, die alle aus dem Gewände und den beiden Säulen erwachsen, überwölbt ist. Das Bogenfeld selbst ist mit einem Vierpass geschmückt, der die griechischen Anfangsbuchstaben des Christusnamens (P und X = Chr) und vier Palmetten zeigt. Dazu ist rechts und links noch der Anfangs- und Endbuchstabe des griechischen Alphabets eingetragen (Alpha und Omega).
Der obere Lichtgaden hat auf jeder Seite vier einfache Rundbogenfenster; alle vier unteren Seitenschifffenster auf der Nordseite sind mit kleinen Säulen unterteilte Zwillingsfenster, die jeweils im Überfangbogen noch zusätzlich eine kleine runde Lichtöffnung haben. Der gesamte Außenbau wird unterhalb des Dachansatzes mit Hohlkehlen und Rundbogenfriesen umzogen und belebt. Von diesen Rundbogenfriesen gehen am Langhaus, an den Seitenschiffen, den Oratorien und der Marienkapelle vertikale, gemauerte Lisenen (leicht hervortretende Mauerbänder) zwischen den Fensterachsen aus. Endlich umziehen abgeschrägte Sandsteingesimse – wie kräftige Gürtel – zweimal fast den gesamten Bau: einmal unterhalb der Leibung der Obergadenfenster und dann genau in der Mitte der unteren Fenster.

Die Ausstattung

Das Herzstück der Ausstattung ist der Hochaltar. Dem Altartisch aus grauem Sandstein sind vier schwarze Marmorsäulen vorgestellt. Auf beiderseits jeweils drei schlanken, mit Schaftringen versehenen (gewirtelten) hellbraun-ockerfarbenen Doppelsäulen ruht das rundgewölbte Ziborium (Baldachin). Ein besonders schönes Beispiel sakralen Kunsthandwerks bietet der Tabernakel. Vor dem Baldachin steht heute ein hölzerner Zelebrationsaltar. Die ergreifende Pieta in der Marienkapelle ist wohl eine Kopie der spätgotischen Darstellung in der Frankfurter Liebfrauenkirche, die von Kapuzinern betreut wird. Den Zugang zur Marienkapelle schmückt ein formenreiches schmiedeeisernes Gitter. An den Stirnseiten der Seitenschiffe stehen auf Wandkonsolen die beiden ausdrucksstarken Tonfiguren des hl. Josef und der hl. Theresia von Lisieux. Sie stammen aus der Hand von Adam Winter (gest. 1978).
Das Radfenster über der Orgel zeigt in der Mitte Maria mit dem Kind und zwischen den „Speichen" je zwei mit den Köpfen zur Mitte geordnete Engel mit Instrumenten in starken, vor allem roten Farbtönen. Das Fenster (Thema: *Marianischer Lobgesang*) hat der Maler Hindorf (gest.1990 in Michelstadt) im Jahr 1963 entworfen.

Würdigung

Die Mutterhauskirche der Mainzer Marienschwestern ist ein bemerkenswerter Bau des Historismus. Durch die wohltuenden Maßverhältnisse wirkt die Kirche großräumig und doch bergend, anheimelnd und doch nicht beengend. Sie ist ein eindrucksvolles, steingewordenes Symbol für das Geheimnis des Glaubens.

David Nikolaus Becker

MUTTERHAUSKIRCHE DER MAINZER MARIENSCHWESTERN ZUR „SCHMERZHAFTEN MUTTER"
Weintorstraße 12,
55116 Mainz
Gottesdienst:
Täglich außer Dienstag und Donnerstag: 7 Uhr Hl. Messe
Donnertsag: 16.30 Uhr Hl. Messe
Sonntag: 16 Uhr Vesper
Öffnungszeiten:
Die Kirche ist nur zu den Gottesdienstzeiten geöffnet.
Kontakt:
Tel.: 06131-57626-0
FAX 06131-230823
bks.sr.donata@t-online.de
www.marienschwestern-mainz.de

In dem kleinen Industrieort Mainz Amöneburg steht die im neugotischen Stil erbaute Kirche Maria Immaculata.
Der Architekt August Greifzu aus Mainz fertigte im Jahre 1903 die Pläne für die Kirche an.
Der erste Spatenstich wurde am 14. April 1904 getätigt. Am 25. März 1905, am Festtag Mariä Verkündigung, erhielt das Gotteshaus die kirchliche Weihe. Da 1904 das 50. Jubiläumsjahr der Verkündigung des Glaubenssatzes von der Unbefleckten Empfängnis Mariens war, lag es nahe, die Kirche der unbefleckten Jungfrau zu weihen.

Blick in den Chorraum mit Kreuzigungsgruppe aus Terrakotta

Die Kirche wurde fünfjochig geplant, jedoch nur dreijochig ausgeführt.
1930, zum 25-jährigen Jubiläum, bekam die Kirche unter Pfarrer Johann Baptist Schubert eine schöne Ausmalung, die heute nicht mehr vorhanden ist.
Am 19. Oktober 1944 wurde die Kirche durch Spreng- und Brandbomben zerstört. Der Turmhelm, das Dach und das Rabitzgewölbe des Chores und des Mittelschiffs brannten völlig ab, ebenso der Hochaltar mit dem Tabernakel.
1948 wurde mit dem Wiederaufbau der Kirche begonnen.
1950 erstellte der Glasmaler H. G. Bunders aus Biebrich die Fenster der Kirche. Die fünf unteren Fenster der Seitenschiffe stellen die 15 Rosenkranzgeheimnisse dar. Auf den 2 Fenstern im Chorraum sind die vier Erzengel (Gabriel, Raphael, Michael und Uriel) zu sehen sowie Motive aus der Umgebung (Fa. Dyckerhoff, Fa. Albert, die Kaiser-

brücke mit Dom, altes Kapellchen bei Stieffenhofer auf der Petersaue).
Ein Schmuckstück der Kirche ist im Chorraum die Kreuzigungsgruppe aus Terrakotta, die von dem Bildhauer Adam Winter aus Mainz-Kastel entworfen und angefertigt wurde. Adam Winter hat auch die sehr schöne Weihnachtskrippe gefertigt.
Pfarrer Johann Baptist Schubert, der über 30 Jahre Pfarrer von Amöneburg war und den Wiederaufbau der Kirche leitete, erlitt am Ostertag des Jahres 1951, an dem der erste Gottesdienst in der wiederaufgebauten Kirche gefeiert wurde, einen Schlaganfall, von dem er sich nicht mehr erholte. Am 05. Mai 1953 starb er und wurde auf seinen Wunsch hin in seiner so sehr geliebten Kirche zu Füßen der Mutter Gottes beigesetzt.

Barbara Hövelmann

MARIA IMMACULATA
MAINZ-AMÖNEBURG
Dyckerhoffstr. 18
65203 Mainz-Amöneburg
Gottesdienst:
Sonntag um 9 Uhr
Öffnungszeiten:
jeweils 45 Minuten vor und nach dem Gottesdienst
Kontakt:
Kath. Pfarramt
Rochusplatz 7
55252 Mainz-Kastel
Tel.: 06134/18390
Fax: 06134/183933
E-mail:pfarrbuero@kastel-sanktgeorg.de
http://www.kastel-sanktgeorg.de

Obwohl bei der Zufahrt von der Universität her oder im Vorbeifahren auf der Autobahn weithin zu sehen, ist sie ob ihrer Lage mitten im „Alten Ort“ nicht ganz einfach zu erreichen: die Gonsenheimer Stephanskirche. Bis zur Eingemeindung nach Mainz (1938) war sie die größte Landkirche des Mainzer Bistums.

Kurze Baugeschichte

Nachdem die Einwohnerzahl Gonsenheims 1864 auf über 2.600 gewachsen war, entschloss sich Pfarrer Dominikus Grimm, die sehr viel kleinere Barockkirche (1687) durch eine größere zu ersetzen - in zwei Bauabschnitten. Zunächst setzte man 1869/70 an die westliche Giebelseite der alten Kirche nach Plänen von Dombaumeister Wessiken ein neues Querhaus mit großen Chor, riss die alte Giebelwand ein und hatte so einen durchgehenden Kirchenraum. Dieser ist allerdings seitdem gewestet.
Der zweite Bauabschnitt setzte 1905 mit dem Abriss der alten Kirche ein, dem nach den Plänen von Prof. Ludwig Becker der Aufbau des noch um zwei Joche verlängerten Langhauses folgte – mit der neuen Giebelwand im Osten, flankiert von den beiden 57 m hohen, schlanken Türmen. Die vollendete Kirche ist 62,50 m lang und innen 18,65 m breit – nachempfunden den gotischen Hallenkirchen. Bereits am 30. September 1906 konnte Bischof Kirstein die neue, große Kirche konsekrieren.
Ein tiefer Einschnitt erfolgte mit der Renovation 1964-67 durch Pfarrer Johannes Haenlein und Architekt Bernhard Schmitt. Die gesamte neugotische Ausstattung wurde entfernt, der Altar (alter Aufbau heute in Ober-Roden) vom Chorhaupt in die Vierung versetzt, ein neuer Marmorfußboden verlegt, ein Chorgestühl eingebaut (heute noch in Teilen erhalten für werktägliche Gottesdienste im Chorraum), eine neue Taufkapelle dem rechten Seitenschiff angefügt und vor allem ein durchgehendes Fensterprogramm verwirklicht. Durch die Aufstellung der neuen Bänke wurde erreicht, dass die schlanken Säulen des Hauptschiffes kaum noch Raum trennend wirken.
Danach gab es nur noch zwei kleinere Veränderungen des Raumes: 1998 wurde durch die Firma Willbrand die Orgel von der Empore geholt und nach gründlicher Überholung und Erweiterung als mechanisches Werk in die Konche des linken Seitenschiffs eingebaut. (drei Manuale mit 39 klingenden Registern). Und 2002 errichtete der Kunstschmied Hermann Gradinger für die Konche des rechten Seitenschiffs ein eindrückliches Chorgitter. In ihm fanden nicht nur die barocken Figuren der 14 hl. Nothelfer (um 1780) gebührende Aufstellung. Das durch die Türen begehbare Gitter schuf auch eine Sakramentskapelle für den Tabernakel, die der stillen Anbetung dient und in ihrem Boden das Grab des Kirchenerbauers Pfr. Grimm birgt.

Der Raum

Betritt man die Kirche außerhalb der Gottesdienstzeiten durch den südlichen hinteren Seiteneingang, der tagsüber geöffnet bleibt, so lohnt es, zunächst einmal unter der Empore stehen zu bleiben oder in der letzten Bank Platz zu nehmen, um das Gesamt des Raumes auf sich wirken zu lassen: die Größe, die für Neugotik so geglückten ruhigen Proportionen und - an hellen Sommernachmittagen bzw.-abenden - das vom Chor her einfallende, durch die Fenster wunderbar farbig getönte Licht. All das kann zum Staunen und Beten einladen.
Geht man dann den linken Seitengang entlang, unter den Fensterbildern von Mainzer Heiligen, gelangt man zur „Kriegerkapelle", in der eine Kreuzigungsgruppe aus Sandstein (1704) zum Innehalten einlädt.
Es folgt das linke Querschiff mit dem Stephansfenster. Hier steht

Innenraum

von Weihnachten bis Mitte Januar die große Krippe mit ihren über 100 Figuren, die der Tiroler Hans Kirchmeyer in den sechziger Jahren geschnitzt hat. Der nach rechts folgende Ambo trägt unter seinem Adlerpult die Figuren der vier lateinischen Kirchenväter Ambrosius, Augustinus, Hieronymus und Gregor (Theo Graffé, Mainz-Gonsenheim). Geht man zur Mitte, blickt man auf die drei großen Chorfenster, die Heinz Hindorf (Michelstadt/Odw.) nach Vorgaben von Pfarrer Haenlein geschaffen hat.
Das linke Fenster zeigt die sieben Gaben des Hl. Geistes, dargestellt an sieben Orden, die im Mainzer Bistum tätig waren.
Das rechte Fenster behandelt die sieben Sakramente, jeweils in der

alten Spendeform und daneben ein deutendes biblisches Bild. Das Mittelfenster zeigt die Thronsaalvision der Johannes-Apokalypse (Offenbarung des Johannes Kapitel 4 und 5). Die Einzelheiten aller Kirchenfenster enthält schematisch ein Faltblatt, das am hinteren Schriftenstand ausliegt.
Vorbei an der Marienstatue (Holz, 2. Hälfte 18. Jh.) steht man am rechten Querschiff vor dem großen Marienfenster. Da Heinz Hindorf, der Schöpfer der Chorfenster und des rückseitigen Weltgerichtsfensters (über der Empore) erkrankte, sprang der Mainzer Gustl Stein ein, dem wir die Fenster in Querschiffen und Hauptschiff verdanken.
Zurück im rechten Seitengang, gelangt man, vorbei an der kleinen Marienkapelle, zur neuen Taufkapelle, deren Bronze-Arbeiten, wie auch die Türbänder aller Windfänge von Theo Graffé gearbeitet wurden.
Zurück unter der Empore und nach dem abschließenden Raumblick, lohnt sich vielleicht nach Verlassen der Kirche noch ein Blick von außen auf das Tympanon über dem Hauptportal: die Steinigung des Erzmärtyrers Stephanus – des Patrons von Kirche und Pfarrgemeinde.

Pfarrer Dr. Rainer Borig

<u>ST. STEPHAN</u>
Kirchstraße 1
55124 Mainz
<u>Gottesdienst:</u>
Samstag, 17.30 Uhr
Sonntag, 10 Uhr im Sommer,
sonst: 9 und 11 Uhr
<u>Öffnungszeiten:</u>
Mo.-Fr. 8.30 - 17.30 Uhr
Sa./So. während der Gottesdienste
<u>Kontakt:</u>
Pfarrbüro: Pfarrstraße 3, 55124
Mainz-Gonsenheim
Tel.: 06131/41409
Fax: 06131/467326
Homepage: www.st-stephan.net
E-mail: pfarrbuero@st-stephan.net
barrierefreier Zugang über
Kirchgässchen – Eingang Taufkapelle (zu den Gottesdienstzeiten)

Am Ende der Kapellenstraße, schon im Wald und kurz vor dem Übergang über die Autobahn, steht die Kapelle zu Ehren der Hl. 14 Nothelfer.

Im späten Mittelalter taucht die Verehrung dieser Heiligengruppe auf, die möglicherweise im süddeutschen Raum so zusammengewachsen ist. Die bekanntesten unter ihnen sind wohl der hl. Georg, der hl. Christophorus und: „Margarethe mit dem Wurm, Barbara mit dem Turm, Katharina mit dem Rädchen – das sind die drei heiligen Mädchen".

Hochaltar mit Nothelfer-Figuren

Begleitet von einem einprägsamen Legendenstrom stellten sich Menschen, die Hilfsbedürftigkeit erfuhren, unter das Schutzpatronat dieser Heiligen. Vor allem in der Barockzeit wuchs, von Franken kommend, die Nothelferverehrung auch in unserem Raum.
So bauten die Gonsenheimer 1729 ihre erste Kapelle. Sie wurde von den französischen Truppen, die 1795 Mainz belagerten, niedergebrannt. Die bald größer gebaute 2. Kapelle musste 1892 geschlossen werden – wegen Baufälligkeit durch Verschiebungen im Moorgrund.
Bereits 1895, zwischen Bauabschnitten ihrer Pfarrkirche, konnten die spendenfreudigen Gonsenheimer ihre Kapelle wieder einweihen – so, wie sie heute dasteht. Lediglich das Innere wurde 1972/73 gründlich renoviert. Der einfache, neugotische Raum mündet über 2 Seitenaltäre (eine Pieta und eine „Heilige Familie") im geschnitzten Hochaltar mit den Nothelfer-Figuren. Dort ist über Tabernakel und Aussetzungsthron noch eine Nothelfergruppe aus der barokken Vorgängerkapelle eingefügt: farbige Wachsfiguren unter Glas geschützt.
Leider muss die Kapelle ihrer ausgesetzten Lage wegen geschlossen bleiben. Nur zu den Gottesdiensten (sonntags regelmäßig um 7.30 Uhr Eucharistiefeier, im Mai 19.00 Uhr Marienandachten, dazu Jahrgangsgottesdienste und Trauungen) ist die Kapelle geöffnet. Einige Kapellenfreunde ermöglichen in der Sommerzeit durch ihre Anwesenheit einige offene Stunden sonntags nachmittags (Zeiten jeweils im Pfarrblatt der Stephanskirche einzusehen).
Das große Fest der Kapelle ist die Wallfahrt, alljährlich am 3. Sonntag nach Pfingsten. Dann versammeln sich auf dem Außenplatz seitlich der Kapelle bis zu 1000 Wallfahrer aus Gonsenheim und Umgebung.

Pfarrer Dr. Rainer Borig

ZUSTÄNDIG FÜR DIE KAPELLE IST DAS KATHOLISCHE PFARRAMT ST. STEPHAN
(s. S. 102)
Gottesdienste:
Sonntag 7.30 Uhr
Öffnungszeiten:
Zu den Gottesdiensten und im Sommer an Sonntagnachmittagen (Termine im Pfarrbüro erfragen)
Kontakt:
Pfarrbüro: Pfarrstraße 3, 55124 Mainz-Gonsenheim
Tel.: 06131/41409
Fax: 06131/467326
Homepage: www.st-stephan.net
E-mail: pfarrbuero@st-stephan.net

1911-1913 nach Plänen des Mainzer Dombaumeisters Ludwig Becker erbaut. Wegen des vor allem von Arbeitern bewohnten Umfeldes Gedächtniskirche für den Mainzer Bischof und Sozialreformer Wilhelm Emanuel Freiherr von Ketteler (1811-1877).
Im Kirchenkalender von 1911 heißt es: Die Bezeichnung „Herz-Jesu-Kirche" entsprang aus dem Gedanken, das Andenken des großen sozialen Bischofs v. Ketteler, der zeitlebens ein frommer und eifriger Verehrer des Heiligsten Herzens war, in seinem hundertsten Geburtsjahr zu ehren.
Als Basilika mit Fassadenflankenturm geplant, wurden doch nur Chor, Querhaus und Ketteler-Gedächtnis-Kapelle ausgeführt. Neuspätgotischer, malerisch gruppierter Putzbau mit Gliederungen in Rotsandstein. Polygonaler Chor mit variierten Nebenchören. Über der Vierung achtseitiger Dachreiter mit eigenwillig ausgeformtem Kupferspitzhelm mit krönender Herz-Jesu-Figur. Maßwerkfenster. Die übersichtliche Raumwirkung des lichterfüllten Inneren prägen Netz- und Sterngewölbe über Bündelpfeilern. Gute Steinmetzarbeiten von Hans Steinheim und Josef Neumann, Eltville. Südlich des Chors repräsen-

„Mikado"-Glühlampen-Radleuchter über dem Altar

tativer Sakristeibau mit Treppenturm. Der das Ortsbild beherrschende Sakralbau ist typisch für das Streben des Späthistoristen Becker nach Monumentalität des Erscheinungsbildes. Dabei äußert sich seine Originalität in der Verschmelzung vielfältiger historischer Vorbilder und ihrer individuellen Neuformulierung.
1969/70 nordseitiger Anbau von Gemeinderäumen und Umgestal-

tung des Chorraums. Die modernen Glasfenster (Alois Plum, Mainz) beeindrucken gerade im Kontrast mit der ebenso qualitätvollen Neugotik. In der Ketteler-Gedächtniskapelle wurde eine Decke eingezogen; lohnend ist es die Wendeltreppe hochzusteigen, da der darüberliegende Raum durch seine Höhe überrascht.
Da das Langhaus mit abschließendem großem Turm nicht zur Ausführung kam, fehlte dem gebauten Chor mit Querhaus das Widerlager. Deshalb war 1999-2001 eine Sicherung durch Ringanker nötig. Im Rahmen dieser Renovierung wurde der Chorraum ausgemalt (Vitus Wurmdobler, Erbes-Büdesheim), eine Gestaltung, die nach Aussage der kirchlichen Denkmalpflege in ihrer Art einmalig ist. So verwundert es nicht, dass sie umstritten ist. Machen Sie sich selbst ein Bild! Auch die Ersetzung der früheren originellen Leuchtstoffröhrenlampen durch moderne „Mikado"-Glühlampenradleuchter ist einen Blick wert.

Gerhard Adam

HERZ-JESU-KIRCHE MAINZ-MOMBACH
Hauptstr. 65
55120 Mainz
Gottesdienst:
Sa 16.45 Uhr
So 9 Uhr (italienisch),
Öffungszeiten:
nur zu den Gottesdiensten
Kontakt:
Pfarrbüro Hauptstr. 67
Di + Mi 9 - 12 h
Tel. 06131 / 68 12 94
kath-gemeinden-mombach@web.de

Geht man durch die Hauptpforte der Universitätskliniken hindurch und etwa fünfzig Meter nach links, trifft man auf einen interessanten Eingang des Hauses 204. Auffallend ist eine für den Klinikbereich nicht übliche Holzkassettentür. Über der Tür erscheint das Mosaik einer frühchristlich gestalteten Madonna mit Kind und der Aufschrift: „Haus Gottes und Himmelspforte." Diese ist das Eingangsportal zur Kirche und Pfarrei St. Rochus.

St. Rochus, Altarraum der Kapelle

Auch die nächste Tür rechts in der Gebäudefront ist beschriftet: „Christo in pauperibus" (Christus in und für die Armen) und erinnert an das ursprüngliche Schwesternhaus der Vinzentinerinnen. Bischof Wilhelm Emmanuel Ketteler hatte sie 1849 aus Straßburg gerufen, um neben dem Rochusspital in der Altstadt, dem damaligen Kranken-, Armen- und Waisenhaus, ein modernes Krankenhaus und Mädchenheim einzurichten. Im Jahr 1852 überzeugte den Verwaltungsrat des Rochusspitals die Sauberkeit und Ordnung dieser Anstalt und so übernahmen die Vinzentinerinnen auch diese Einrichtung. Aufgrund der drangvollen Enge im Spital veranlasste Direktor Medizinalrat Michael Reisinger 1911 zusammen mit Stadtbaumeister Adolf Gelius ein neues Städtisches Krankenhaus in großzügigem Pavillonstil, damals in luftiger Randnähe zur Stadt, zu bauen. So kam es am 1. August 1914 zum Umzug des gesamtem Spitals, auch der Vinzentinerinnen, die am heutigem Ort noch bis 1975 in der Krankenpflege tätig waren.

Die Kirche sollte in enger Verbindung stehen mit dem Schwesternhaus und zeigen, dass Gottes- und Krankendienst im Grund eine Einheit bilden. Das Eingangsportal war zu den Krankenpavillons ausgerichtet, die Kirche, mit Blick nach Osten, wurde als „Morgenkirche" konzipiert. Gerade in den Morgenstunden lädt die Atmosphäre des Lichtes in der Kirche durch die drei Altarfenster aus Onyx in Sandfarben- und Brauntönen zur besinnlichen Stille und zum Verweilen ein. Der Verzicht auf figürliche Abbildungen in den Fenstern unterstreicht den Charakter eines meditativen Raumes.
Der Blick fällt zunächst auf das goldfarbene Chorgewölbe, Ausdruck des heiligen Raumes, und auf das spätgotische Holzkruzifix (15.Jhr.), umrandet von einem aus Bronze geschmiedetem Lebensbaummandala mit Ausformungen von Granatäpfeln und Blütenknospen. Die Kreuzrosette zentriert den Blick auf den gekreuzigten Christus und öffnet zugleich seine Botschaft in alle Richtungen. Der Altar aus Anröchter Dolomit ist ausgeschmückt mit Intarsien von Weintrauben, Granatäpfeln und Opfertieren. Auf dem Boden wird die Kreuzscheibe wieder aufgenommen in der Form eines als Naturintarsie ausgeführten Labyrinths. Das Thema des Labyrinths wird ebenfalls in den beiden Konsolen der Heiligenfiguren aufgegriffen: Auf der linken Seite befindet sich die Konsole der barocken Madonnenstatue mit dem Gitter eines Jericholabyrinths vor der Aufbewahrungsnische für Taufwasser und Tauföl. Auf der rechten Seite sieht man die Konsole der Rochusskulptur mit dem Gitter eines minoischen Labyrinths vor dem Aufbewahrungsort für die Öle der Krankensalbung.
Das Lebensgefühl von kranken oder sorgenden Menschen ähnelt oftmals dem eines Labyrinths: Es beschreibt die Suchbewegung eines „Hin- und her gezogen Seins" und die unzähligen Wege durch eine schwierige Zeit. Es berührt die wechselnde Erfahrung von Ferne und Nähe zur Lebensmitte hin.
Der betrachtende Mensch findet Trost und Ermutigung: so z.B. im Bild der mütterlichen Maria und im Bild des pilgernden und helfenden Rochus, Patron der kranken Menschen und aller Menschen, die unterwegs auf ihren Wegen sind.
Der Ambo, bestehend ebenfalls aus Anröchter Dolomit, dessen Buchauflage aus Schmiedebronze mit sieben Siegeln und den Buchstaben Alpha und Omega gestaltet ist, korrespondiert mit dem Altarstein und der Tabernakelstele mit Jugendstiltabernakel. Die zahlreichen, aufeinander abgestimmten Natursteine und Metalle verweisen auf die Fülle der Schöpfung und deren Zusage, „das Leben in Fülle zu haben." (Johannes Kapitel 10, Vers 10) Die Mehrdeutigkeit der Symbole hält die Kunstwerke offen für unterschiedliche Deutungen. Die Kassettendecke, eines der wenigen erhaltenen Werke aus der Zeit vor dem 1.Weltkrieg, ist ausgeschmückt im Art-Deco-Stil.
Über dem Eingang zur Orgelempore ist ein Stein mit Bischofs- und Stadtwappen und der Inschrift „Komm heiliger Geist" in die Mauer eingefasst und erinnert an den aufbruchartigen Umzug des Spitals,

zeitgleich mit der Mobilmachung zum Krieg, bei dem noch am Vortag, am 31.7.1914, der Hochaltar in aller Eile dem Heiligen Rochus und die gesamte Kirche dem Heiligen Geist geweiht wurde. Mit diesem Patrozinium wurde die Sorge, sowohl für die körperliche als auch seelische Genesung des kranken Menschen verdeutlicht, eine Ausrichtung und Rückbesinnung, die heute mehr denn je an Aktualität besitzt.
Die Kirche, so wie die Besucher sie heute vorfinden, wurde von 1984 bis 1991 renoviert, geprägt durch die Neugestaltung des Chorraumes durch Bildhauer Ernst Alt (geb.1935) und geprägt durch die Ideen von Diözesankonservator Hans Jürgen Kotzur.
Beim Hinausgehen kann man im Vorraum der Kirche ein weiteres Werk von Ernst Alt finden: Das Fenster der Veronika, die Christus das Tuch reicht (1987). In diesem Bild verdichtet sich christliche, antike und moderne Symbolik. Veronika scheint versunken in Gedanken und Gefühle und zugleich mit helfender Sorge dem Leidenden zugewandt. Einladung an den trostsuchenden Besucher und Auftrag für die vielen helfenden Menschen in der Klinik.

Heike Knögel

PFARREI ST. ROCHUS IN DEN UNIVERSITÄTSKLINIKEN MAINZ
Langenbeckstr. 1
55131 Mainz
Gottesdienst:
Samstag 18 Uhr, Sonntag 20 Uhr
Öffnungszeiten:
Täglich 8 – 18 Uhr
Mit barrierefreiem Zugang erreichbar
Kontakt:
Tel.: 06131/177220
Fax: 06131/175531
E-Mail:
nicklas@seelsorge.klinik.uni-mainz.de

St. Alban - Der erste Kirchenbau im Bistum Mainz nach dem Zweiten Weltkrieg

Die Albanskirche an der Goldgrube am südlichen Rand der Mainzer Innenstadt war die erste Kirche im Bistum Mainz, die nach 1945 gebaut wurde.
Innerhalb eines Jahres war der Bau soweit vorangeschritten, dass er im März 1952 mit der Kirchweihe seiner Bestimmung als Gemeindezentrum übergeben werden konnte.
Schon am Anfang des 19. Jahrhunderts begann die Bebauung des Gebietes südlich des Südbahnhofes und der Zitadelle. 40 Jahre vor der Weihe der Kirche – 1912 – bat ein Bewohner auf dem Albansberg das Bischöfliche Ordinariat: „... zunächst einmal einen Platz zu sichern, bevor alles zugebaut ist."

Blick zum Altarbild „Himmlisches Jerusalem"

Nachdem in den 20er Jahren das Villenviertel durch den Bau der Ketteler- und Ebertsiedlung ergänzt war, wurde dieser Wunsch Wirklichkeit durch den Erwerb eines Bauplatzes in unmittelbarer Nähe des untergegangenen mittelalterlichen Albansklosters. Nichts lag näher, als eine zukünftige Pfarrei und Pfarrkirche nach dem Heiligen Alban zu benennen, über dessen Grab einmal die untergegangene Albansbasilika weithin aufragte. 1930 wurde die Kirchengemeinde St. Alban selbständig, der Pfarrer von St. Ignaz blieb aber für die Seelsorge zuständig bis zur Errichtung der Pfarrkuratie 1936 mit einem eignen Pfarrer. Dem ersten Pfarrer der Gemeinde, Valentin Gleich, war es durch den Verkauf des ursprünglichen Grundstückes möglich, das Gelände „An der Goldgrube" zu erwerben, wo eine alte Militärhalle als Notkirche diente.
Unmittelbar vor dem Zweiten Weltkrieg lag der Plan des Architekten Sonnen vor, der Ausbruch des Krieges verhinderte seine Verwirklichung. In Anlehnung an die Vorkriegsplanung wurde nach dem

Krieg von dem Mainzer Architekten Franz Mertes, der auch Gemeindemitglied war, die neue Albanskirche gebaut.
Die Umstände der Entstehungszeit der Kirche spiegeln sich in der Schlichtheit des Äußeren und im Inneren wider.
Besondere Akzente setzten Mitte der 50er Jahre zwei Mainzer Künstler: Peter Paul Etz gestaltete die Wand hinter dem Altar mit der Darstellung der Vision des himmlischen Jerusalem aus der Geheimen Offenbarung.
Der Bildhauer Adam Winter schuf lebensgroße Plastiken des Kirchenpatrons, von Maria mit dem Kind und der Weihnachtskrippe; der Taufstein entstand in seiner Werkstatt.
Der Kirchenpatron St. Alban auf der linken Seite stützt mit der einen Hand das beim Martyrium abgeschlagene Haupt, von der tödlichen Wunde zieht sich wie eine Blutspur ein Schriftband mit der Aufschrift „consubstantialem patri" (eines Wesens mit dem Vater).
Wegen dieses Glaubenszeugnisses soll er in der Auseinandersetzung mit den Arianern im Mainzer Gartenfeld enthauptet worden sein, bevor er auf dem römischen Friedhof südlich der Stadt, wo heute die Straße „Am Albansberg" verläuft, beigesetzt wurde.
Die Marienfigur auf der rechten Seite drückt das Kind nicht fest an sich, sondern tritt mit ihrer Körperhaltung auffällig vor dem Kind zurück, das segnend auf ihren Knien steht.
Vor dem Marienaltar deckt eine unscheinbare Grabplatte das Grab des ersten Pfarrers der Gemeinde.
Von zwei Glocken der zerstörten Emmeranskirche, die den Krieg überdauerten, fand die kleinere ihren Platz im Turm von St. Alban, die größere im Turm der Stephanskirche.
Zwei neue Glocken kamen in St. Alban 1977 hinzu.
Der Kirchenbau steht rechtwinklig zur Straße „An der Goldgrube" von Norden nach Süden ausgerichtet.
So fällt das Licht der Sonne am Morgen von links, am Nachmittag und Abend von rechts in den Kirchenraum ein und schafft eine einladende ruhige Atmosphäre.
Beim Blick in das offene, nach oben spitz zulaufende Dach wird man an den Bauch eines Schiffes erinnert, an ein Schiff, das durch die Wogen der Zeiten zu tragen im Stande ist.
Neben den Festen des Kirchenjahres feiert die Kirchengemeinde zwei weitere Feste: das Kirchweihfest am Sonntag Laetare, dem vierten Fastensonntag, und das Patronatsfest am Sonntag vor oder nach dem 21. Juni.
In 30 von 50 Jahren sangen dabei in der Regel die Kinder, Jugendlichen und Erwachsenen der Kantorei St. Alban.
Die Liturgie des Kirchweihfestes beginnt mit dem Psalmvers:
„Freue dich, Stadt Jerusalem!
Seid fröhlich zusammen mit ihr, alle, die ihr traurig wart.
Freut euch und trinkt euch satt an der Quelle göttlicher Tröstung."

Hans-Peter Göbel

Wer unsere Kirche betritt, dessen Blick fällt auf ein Wandbild hinter dem Altar.
Eine großartige Vision entfaltet sich an der Stirnwand des Altarraumes: ...die heilige Stadt Jerusalem, große Mauern mit zwölf Toren und zwölf Engeln darauf. Die Straßen der Stadt sind aus reinem Gold, wie aus reinem Glas. Die Herrlichkeit Gottes erleuchtet sie, und die Leuchte ist das Lamm. (vgl. Offenbarung des Johannes Kapitel 21, Verse 10 und ff.)

Ein Bild der neuen Schöpfung aus der Offenbarung des Johannes, geschaffen Mitte der 50er Jahre von Peter Paul Etz, Künstler und Kunstprofessor in Mainz.
Die Vision des Johannes vom goldenen Jerusalem verweist in einer Welt, die scheinbar gottfern ist, auf die Durchsetzungskraft des Reiches Gottes.
Ohne diese Vision wäre das Christentum schon in den Anfängen gescheitert; ohne diese Vision hätte der Glaube keine Strahlkraft,

weil er ohne Hoffnung und Ziel bleibt.
Visionen sind keine Träumereien, Hirngespinste, wundersame Vorstellungen, sondern das Ziel eines Weges, einer Hoffnung. Das himmlische Jerusalem, die Erfüllung des Reiches Gottes, ist das Ziel des Weges Gottes mit uns und unseres Weges mit ihm. Und dieser Weg führt in unserer Welt durch Leid und Ungerechtigkeit, Tod und Ohnmacht hindurch.
Die Vision des Johannes wollte und will zu aller Zeit Mut machen, Vertrauen zu haben in die Offenbarung Gottes von Anfang an: "Ich bin der, Ich-bin-da."(Exodus Kapitel 3, Vers 14)

Winfried Hommel, Pfarrer

KATHOLISCHE KIRCHENGEMEINDE
ST. ALBAN – ST. JAKOBUS
An der Goldgrube 44
55131 Mainz
Gottesdienste:
Samstag 17 Uhr St. Jakobus (s. S.153), Sonntag 10.30 Uhr St. Alban 17 Uhr St. Alban
Öffnungszeiten:
täglich von 9 - 18 Uhr
Kontakt:
Tel.: 06131-53061
Fax.: 573825
E-Mail: sekretariat@st-alban-st-jakobus.de
www.st-alban-st-jakobus.de

Heilig Kreuz Kirche im Schlesischen Viertel: 50 Jahre jung – und schon denkmalgeschützt

Was zeichnet diesen auffallenden grauen Rundbau aus Beton im sog. Schlesischen Viertel in der Oberstadt, nahe der Uniklinik, so aus?
„Belli Bau" so nannte ihn sein Erbauer, Pfarrer Leopold Becker, in Anlehnung an die äußere Form eines in den 50er Jahren in Mainz und Umgebung bekannten Zirkusbaues mit ähnlicher Kuppel. Die neue Raumgestaltung einer Kirche, weg von dem üblichen Langhaus, hin zu einem Zentralbau, bei dem sich die Gemeinde im Halbrund um den kreisrunden erhöhten Altarbereich versammelt, war für ihre Zeit 1954, noch vor dem 2. Vatikanischen Konzil, eine bedeutende Neuerung, und ist für Deutschland in dieser Zeit einmalig. So musste auch der damalige Pfarrer Leopold Becker diese außergewöhnliche Idee der beiden Architekten Richard Jörg und Bernhard Schmitz aus Mainz erst bei Bischof Dr. Stohr und dem Domkapitel

Altarbereich mit dreifach abgestufer Kuppel

durchsetzen, bevor 1953 an Pfingstsonntag die Grundsteinlegung erfolgen konnte, für eine Kirche, die in Verbindung von Architektur, Bautechnik und liturgischen Anforderungen Geschichte gemacht hat. Beeindruckend auf den ersten Blick im Inneren ist die Konstruktion: in der Mitte der kreisrunde Altarbereich, über 5 Stufen leicht erhoben und überdacht von einer dreifach abgestuften Kuppel, wie ein Baldachin, getragen von vier paarweise angeordneten Säulen. Um

diesen Altarbereich herum gruppiert sich im Halbkreis die Gemeinde. Seine Helligkeit bekommt der Raum nur durch die Glasbausteine in den Kuppelringen, was dem ansonsten kalten Baustoff Beton eine je nach Lichteinfall besonderen Reiz verleiht. Die drei Betonringe der Kuppel waren ehemals nach Entwürfen von Prof. Meyer – Speer farblich gestaltet. Bei der zur Zeit dringend anstehenden Renovierung soll dies wieder in Betracht gezogen werden.
Hinter dem Altarbereich erheben sich sieben Türen, die sich wie eine Faltwand nach außen zum Platz vor der Kirche hin öffnen lassen (was im Sommer öfter geschieht, so dass sich die gottesdienstliche Gemeinde nicht nur symbolisch nach außen hin öffnet). Die Türen tragen auf einem Goldgrund eingraviert die Darstellungen von 12 Engeln. Sie sind ein Entwurf des Mainzer Künstlers Peter Paul Etz und symbolisieren das himmlische Jerusalem, in das 12 Tore führen (durch Engelwesen angedeutet: Offenbarung des Johannes Kapitel 21, Vers 12). In dieser architektonischen und künstlerischen Verbindung wird der Auftrag an die christliche Gemeinde deutlich: offen zu sein nach außen und oben, zu Welt und Himmel.
Ebenfalls auf die Entwürfe von Peter Paul Etz gehen auch die Graffiti mit Mosaiken außen über den beiden Eingangstüren rechts und links zurück: Beide Darstellungen beziehen sich auf das Alte Testament, rechts: aus dem Buch Exodus, Kapitel 12 (Moses erhält die Anweisungen für das Pascha); links: Buch Numeri, Kapitel 21, Verse 1-9 (Mose und die eherne Schlange).
Ihren Namen erhielt die Heilig Kreuz Kirche in Erinnerung an die alte, 1793 zerstörte Stiftskirche, ehemals vor den Toren der Stadt gelegen, an der heutigen Straße nach Hechtsheim, in der schon damals ein uraltes Kreuz verehrt wurde. So erhielt die Gemeinde bereits 1938 den Namen Heilig Kreuz, der dann auf die am 25.April 1954 eingeweihte Kirche übertragen wurde.
Somit ist auch das über dem Altar hängende Kreuz der optische Mittelpunkt. Lioba Munz, Benediktinerin und Künstlerin aus Fulda, hat dieses ausdrucksvolle Kreuz in Emaille-Technik angefertigt und mit Bleikristallen verziert. Die Gemeinde feiert ihr Patronatsfest am Fest Kreuzerhöhung, 14.September.
Ein weiteres künstlerisches und liturgisches Kleinod ist die nunmehr seit 2 Jahren endgültig fertig gestellte Krypta. Über Stufen rechts vor der Kirche zu erreichen, ist diese Unterkirche zu einem sehr beliebten Gebets- und Gottesdienstraum für die Werktage geworden. Seine Gesamtwirkung erhält dieser Raum durch den farbigen Keramikboden, dessen Farben und Motive Themen der Bibel (Buch Genesis und Offenbarung des Johannes Kapitel 4, Vers 4) aufgreifen: das Blau des Wassers und des Himmels, das Grün der Ufer und der Natur, das Rot des Opferblutes Jesu Christi als Ausdruck der Liebe Gottes zu seinen Geschöpfen.
Die Krypta ist u. a. jeden 2. Mittwochabend um 18.30 Uhr zum Abendgebet geöffnet, ebenso wie unsere Pfarrkirche Heilig Kreuz jeden Sonntag ihre Türen weit öffnet und herzlich zu ihren Gottesdiensten einlädt. Denn selbst unsere schönsten kirchlichen Bauwer-

ke erfüllen nur dann ihren Sinn, wenn sie „Schemel und Treppen und Schiffe werden, die zu Gott führen" (Saint Exupery).

Heike Lehrbach

HEILIG KREUZ KIRCHE
Weichselstraße 60
55131 Mainz
Gottesdienst:
in geraden Monaten:
Samstag 18.30 Uhr, Sonntag 9 Uhr
in ungeraden Monaten:
nur Sonntag 10.30
Öffnungszeiten:
zu den Gottesdiensten
(oder nach tel. Absprache)
Kontakt:
Pater Dr. Köhnlein, Pfarrer
Tel.06131/7208501 oder
Tel.06131/52674

Geschichte

Als sich im 19. Jahrhundert die Stadtentwicklung über den mittelalterlichen Festungsgürtel hinaus erstreckte und das Gartenfeld in die Besiedlung einbezogen wurde, ergab sich auch die Notwendigkeit neuer Pfarreien. Nach jahrelanger Planung begannen 1890 die Bauarbeiten an der Kirche St. Bonifaz in der Nähe des wenige Jahre vorher errichteten Mainzer Zentralbahnhofs. Am 26.03.1894 konnte die neue Kirche feierlich eingeweiht werden. Die Kirche war eine dreischiffige Pfeilerbasilika im neugotischen Stil mit 3 Apsiden. In der Achse der Kirche stand als Fassade und Eingangsbereich von der Bahnhofsseite ein 80m hoher Turm mit schlankem Turmhelm. Der Innenraum wurde von einem neugotischen Schnitzaltar mit hohen Aufbauten beherrscht.
Im Jahr 1927 wurden die Wände des Mittelschiffs durch einen Zyklus mit Bildern aus dem Leben des heiligen Bonifatius ausgemalt. Die Kirche wurde durch wiederholte Bombenangriffe im Zweiten Weltkrieg schwer beschädigt und schließlich beim Großangriff auf Mainz am 27.02.1945 völlig zerstört.

Die heutige Kirche

Im April 1953 konnten die Arbeiten für den Neubau der Kirche beginnen; am 21.6.1954 wurde im Rahmen der Feierlichkeiten zum 1200. Todestag des heiligen Bonifatius die Konsekration der neuen Kirche gefeiert.
Da die Stadtverwaltung nach 1950 beabsichtigte, westlich der Pfarrkirche einen Busbahnhof anzulegen, wurde auf die Ostung der künftigen Bonifatiuskirche verzichtet. Drei Haupttüren führen nun von der Boppstraße aus sichtbar ins Innere der Kirche. Der Besucher sollte sich durch ein weites Portal eingeladen fühlen und eingestimmt werden durch einen Innenhof, der Abstand gewinnen lässt vom Verkehr, der um die Kirche braust.
Der äußerlich schlichte Bau ist durch ein angedeutetes Querhaus und lange, bis zum Boden herunterreichende Fensterbahnen gegliedert.

Innenraum und Ausstattung

Innen überrascht die Kirche als ein lichter, weiter, hoch aufstrebender Raum, konzipiert als „heiliges Zelt Gottes". Damit soll anschaulich gemacht werden, dass wir uns nicht in Fluchtburgen vor der „bösen" Welt zurückziehen sollen, sondern Gott das Zelt seiner Gegenwart mitten in dieser Welt aufgeschlagen hat. Gott will unter uns sein, weil er „Interesse" an uns und an dieser Welt hat. Deshalb strömt durch die großen Fenster die Welt in das Gotteshaus hinein und Gottes Leben hinaus.
Die Lichtführung im Chorraum der Kirche ist verdeckt angeordnet, so dass der Besucher beim Betreten einen Licht durchfluteten Raum erlebt, ohne die Quelle des Lichtes direkt erkennen zu können. Der

St. Bonifaz, der Innenraum

Altarraum als Mittelpunkt der Kirche ist durch Erhöhung, reiche architektonische Gliederung der Querschiffe sowie Lichtfülle besonders hervorgehoben.
Den Raum beherrschend ragt hinter dem Altar das Bild des thronenden Christus empor.
Die Idee des Bildes geht auf die Vision des Apostels Johannes zurück. Er beschreibt in der Geheimen Offenbarung den Thron Gottes im Himmel, umgeben von den „Vier Wesen", die als Zeichen für die vier Evangelisten und die 24 Ältesten verstanden werden. Im Gottesdienst treten auch wir – gemeinsam mit der vollendeten Kirche der Heiligen – vor Gott. Dieses Bild möchte aber nicht nur die ansprechen, die hier den Gottesdienst mitfeiern, es will auch die Gedanken dessen, der im Laufe des Tages die Kirche zu einem kurzen Gebet betritt, auf das Ziel des Betens lenken, zum Verweilen und zur Ruhe einladen in der hektischen Geschäftigkeit, im Alltag des Lebens. In reizvollen Variationen schuf Peter Paul Etz aus Mainz dieses Bild in Kratzputz- und Mosaik-Technik - ein für die kirchliche Kunst in Mainz zeittypisches Werk.

Für die Fastenzeiten schuf Eva-Maria Brückner von Eiff ein Hungertuch mit Kreuz und Leidenswerkzeugen Christi, das in den Wochen vor Ostern den siegreichen Christus verdeckt.
Aufgrund der auftretenden Baumängel und aus Gründen der Anpassung an die Erfordernisse der Liturgiereform des II. Vatikanischen Konzils, wurde die gesamte Kirche um 1988 gründlich renoviert; Innenarchitekt Egon Kerbeck wurde mit dieser Aufgabe betraut.
Die Kirchenbänke wurden verkürzt und halbkreisförmig auf den Altar ausgerichtet; diese Anordnung bringt den Gemeinschaftscharakter der feiernden Gemeinde besser zum Ausdruck.
In den neuen Zelebrationsaltar von Egon Kehrbeck aus rotem Marmor ist auf der dem Kirchenschiff zugewandten Seite ein Bonifatiusreliquiar gut sichtbar eingelassen. Die Ausarbeitung von Sockel und Tischplatte des Altars können als nach oben geöffnete Hände und Opferschale interpretiert werden.
Der Ambo lässt im Stein die Schallwellen sichtbar werden, die sich vom Sprecher in das Volk Gottes ergießen. Das Anliegen des II. Vatikanischen Konzil, dass das Wort Gottes zum strömenden Quellwasser für das Leben der Gemeinde werden soll, ist hier bildlich verwirklicht.
Bei der Neugestaltung behielt der Tabernakel seine ursprüngliche Höhe und seine zentrale Stellung und wurde durch eine stilisierte Darstellung des brennenden Dornbuschs von Hermann Gradinger aus Mainz-Gonsenheim noch betont.
An das Leiden Christi erinnert ein alter, neu gefasster Corpus, der an einem durchscheinenden Bronzeständer auf einem Antoniuskreuz befestigt wurde. Ein gleich gestalteter Leuchter trägt die Osterkerze neben dem Taufbrunnen beim nördlichen Seiteneingang. Auch wenn Kreuz und Osterleuchter in spannungsreicher Entfernung stehen, weisen sie durch Material und Gestaltung auf den Zusammenhang zwischen Tod, Auferstehung und neuem Leben durch die Taufe hin.
In den Nischen der Seitenwände befinden sich die Marienikone „Immerwährende Hilfe" und die Figuren des hl. Antonius, des Kirchenpatrons Bonifatius und des heiligen Josef. Viele Kirchenbesucher erbitten ihre Fürsprache und zünden hier ihre Kerzen an.
Auf die Klostergemeinschaft der Dominikaner an St. Bonifaz weist ein Gemälde des heiligen Dominikus von Gerd Winner aus Braunschweig über dem Taufbecken hin. Die 2001 geschnitzte Figur des Dominikus von Ralf Sander zeigt einen auf die Menschen zugehenden Heiligen, der mit seinem Gegenüber im Dialog über den Glauben steht.
Die Orgel wurde durch die Orgelbaufirma Oberlinger aus Windesheim im Hunsrück erbaut, sie hat 45 Register. Der Orgelprospekt ist rechts und links des großen Ostfensters angeordnet.
Die Glocken, die in der Glockengießerei Mabilon in Saarburg am 28.10.1965 gegossen wurden, läuteten erstmals am 24.12.1965. Sie sind geweiht: Christus dem König (Gewicht: 2,8 t, Ton: h), Maria

(Gewicht: 1,650 t, Ton: d), dem heiligen Bonifatius (Gewicht: 1,150 t, Ton: e), dem hl. Pfarrer von Ars Johannes Maria Vianney (Gewicht: 0,680 t, Ton: g) und der hl. Maria Magdalena (Gewicht: 0,480 t, Ton: a).

P. Sebastian Annas OP

ST. BONIFAZ
Bonifaziusplatz 1
55118 Mainz
Gotttesdienst:
Sa. 17 Uhr,
So. 10 Uhr und 18 Uhr
Öffnungszeiten:
sonntags von 8.30 - 13 Uhr und
von 16 Uhr - 19 Uhr
Kontakt:
Tel: 06131 / 960 910
Fax: 06131 / 960 91 24
E-mail: pfarrei@bonifaz-mainz.de
www.bonifaz-mainz.de oder
www.dominikaner-mainz.de

Maria-Hilf in Mainz-Kostheim (Siedlung)

Nach dem ersten Weltkrieg begann die Stadt Mainz nördlich der Bahnlinie Wiesbaden – Frankfurt die Planung für eine neue Wohnsiedlung mit dem Namen „Gartenstadt Mainz-Kostheim". Diese dann rasch wachsende Siedlung forderte auch seelsorgerische Maßnahmen. So konnte die katholische Gemeinde „Maria Hilf" 1927 eine Notkirche einweihen mit Gottesdienstraum im Erdgeschoss und Schwesternwohnung im Obergeschoss, entworfen von den Mainzer Architekten Becker und Falkowsky: das heutige Pfarrzentrum.
Der Zweite Weltkrieg verzögerte nicht nur den Bau einer „richtigen" Kirche, mehrfach waren Bombenschäden an der Notkirche zu beklagen. Erst 1953 nahmen die Baupläne greifbar Gestalt an. Architekt Franz Mertes aus Mainz entwarf die Maria-Hilf-Kirche, wie wir sie heute sehen. Mit der Einweihung am 21. November 1954 – im Marienjahr - ging endlich der lang ersehnte Wunsch in Erfüllung. Inzwischen war die Pfarrgemeinde auf beinahe 4000 Seelen angewachsen.
Gerade Linien bestimmen die Form der Bauweise der fünfziger Jahre. Tritt man in die Kirche, ist man direkt von der Größe des Innenraumes, dem Altarbild und den beiden Bildern an den Seitenaltären beeindruckt. Der Mainzer Künstler und Maler Peter Paul Etz (gest.1995) hatte den Auftrag, das neue Gotteshaus künstlerisch auszugestalten. Die im Blickfeld der Kirchenbesucher stehende Chorwand hinter dem Hauptaltar sollte mit einer Darstellung der Allerheiligsten Dreifaltigkeit und die Seitenaltäre mit Bildern der hl. Jungfrau Maria und des hl. Josef geschmückt werden. Damit die Besucher immer wieder den Blick zum Altar richten, gab der Künstler dem Chorraum die stärkste Farbigkeit und die größtmögliche Helligkeit. In unmittelbarer Altarnähe mussten die Farben, aus Rücksicht auf die liturgischen Gewänder jedoch etwas zurückhaltender sein. Etz ließ sich durch die Höhe der Chorwand inspirieren. Diese Höhe bot sich direkt an, um Gott Vater als den „Gott in der Höhe" darzustellen, um so ein wenig von Seiner Erhabenheit und Größe zur Anschauung zu bringen. Bewusst hat Etz hierbei auf das herkömmliche Gott-Vater-Bild des gutmütigen, bärtigen und alten Herrn verzichtet. Die vier höchsten Wesen zu beiden Seiten der Gestalt des Vaters stehen stellvertretend für alle himmlischen Kräfte und Mächte. Ein feierliches Rot soll den Blick emporziehen und den Himmel deuten. Dieses Rot ist wieder aufgenommen in den 13 Flammen um die Geist-Taube und im Nimbus um das Haupt Christi. Vater, Geist und Sohn sind sichtbar durch eine Parabelform verbunden – Gottes Allmacht, der Opfertod Jesu am Kreuz und das Pfingstwunder des Heiligen Geistes. Zu seiner Darstellung Gottes erklärte der Künstler, die Geheime Offenbarung des Johannes und dessen Visionen hätten ihm Anhaltspunkte dafür gegeben, das eigentlich Nicht-Darstellbare, die Größe, Erhabenheit und Unzugänglichkeit Gottes anschaulich werden zu lassen.

Altarraum der Kirche Maria-Hilf in Kostheim

Bei den Seitenaltären hat der Maler nur die Farben des Kirchenschiffs aufgenommen. Sie halten sich bewusst zurück. Auf der linken Seite sehen wir die Darstellung der Jungfrau Maria – in Form der Schutzmantelmadonna - als Helferin und Beschützerin der Christenheit. Unter ihrem Mantel stehen die Vertreter der geistlichen und weltlichen Stände. Das Bild der Kirche steht zu Füßen der Beschützerin und Patronin. Auf der rechten Seite sehen wir die Darstellung des hl. Josef, Patron und Beschützer der Gemeinde. Dieses symbolisiert unter anderem die Darstellung des ehemaligen Laugenturms der „Zellulose" - damals Zellstoff-Fabrik Waldhof - heutige SCA.

Doch nicht allein das Kircheninnere trägt die künstlerische Handschrift von Peter Paul Etz. Von ihm stammt auch das große Sgraffito an der Außenwand des Gotteshauses. In seiner Ikonographie wiederholt er den Marienaltar: Die Gottesmutter, die die geistlichen und weltliche Stände wie auch die Kirche selbst unter ihren ausgebreiteten Mantel nimmt. Auf den Rang der Himmelskönigin weisen zwei über ihrem Haupt schwebenden Engel mit einer Krone hin. Bei der letzten Außenrenovierung der Kirche erhielt das Bild – durch sparsam eingesetzte Goldsmalten noch zusätzlich schmückende Akzente. Auch wurde hierbei der Kirchturm mit einem gelben Farbverlauf, von dunkel nach hell aufstrebend, neu gestaltet.

Gerold Dötsch

KATHOLISCHE KIRCHE MARIA HILF
Wallufer Str. 19
55246 Mainz-Kostheim
Gottesdienst:
1. + 3. Sonntag im Monat:
10.30 Uhr,
2. + 4. Sonntag im Monat:
9 Uhr, Samstag 18 Uhr
Öffnungszeiten:
täglich / barrierefrei
Kontakt:
Kath. Pfarramt
Wallufer Str. 19
55246 Mainz-Kostheim
Tel. 06134/63754
Fax 06134/24869
E-Mail: kostheim.maria-hilf@t-online.de

Petrus-Canisius-Kirche in Gonsenheim: „Himmlisches Jerusalem" aus Beton und Glas

Wer mit der Straßenbahn aus Richtung Innenstadt nach Gonsenheim kommt, sieht auf Höhe der Haltestelle Elbestraße zur Linken etwas Unerwartetes: Hier auf dem Gleisberg, wo schon vor zwei Jahrtausenden wohlhabende römische Familien ansässig gewesen sein sollen, wo sich noch vor einigen Jahrzehnten Obstfelder ausdehnten, die einem neuen Wohnviertel weichen mussten, zwischen einem in die Jahre gekommenen Einkaufzentrum und einer einfallslosen mehrstöckigen Wohnbebauung, geben Grünflächen den Blick frei auf ein imposantes Bauwerk aus Beton und Glas mit sanft geschwungenem Dach. Ist es eine Konzerthalle, ein Kongresszentrum oder eine Sport-Arena? – Ein zierliches Kreuz auf kleiner Kuppel verrät: Es ist die Kirche St. Petrus Canisius.

Neugierig geworden? Es wartet eine Überraschung. Kirchenbau und Ausstattung, die auf den ersten Blick so nüchtern und sparsam erscheinen, bergen eine Vielfalt an sakralen Symbolen rund um das neue Jerusalem, wie es Johannes in den Visionen seiner Apokalypse beschrieben hat: „Ich sah die heilige Stadt, das neue Jerusalem, aus dem Himmel von Gott herniedersteigen so herrlich wie eine Braut, die sich für ihren Bräutigam geschmückt hat" (Offenbarung des Johannes Kapitel 21, Vers 2). Die Umsetzung der Botschaft von Glanz und Herrlichkeit des kommenden Gottesreiches in eine moderne Formensprache ist so beispielhaft, dass die Kirche 1996 unter Denkmalschutz gestellt wurde.

Die Eingangsseite der Kirche präsentiert sich als monumentale Glasfront mit schmalen Betonrippen; mehr als 3000 Einzelfelder in stereotyper Ornamentik – Mund geblasene Doppelschicht-Gläser – erinnern in blauen und grauen Farbtönen an den „neuen Himmel" der Apokalypse.

Drei Portale sind als Betonverglasung mit französischen Spezial-Gläsern gestaltet und außen mit grauer Tombak-Schale, innen mit Kupfer- und Silberbelägen verkleidet. Roh behauene Glasstücke fügen sich darin zu beeindruckenden Bildern.

Das zweiflügelige Mittelportal zeigt das apokalyptische Bild vom Kampf des Satans gegen die Kirche: „Ein großes Zeichen erschien am Himmel; ein Weib mit der Sonne bekleidet, der Mond unter ihren Füßen und eine Krone von Sternen auf ihrem Haupt. Und noch ein anderes Zeichen erschien am Himmel: ein großer feuerroter Drache mit sieben Köpfen und sieben Kronen auf seinen Köpfen. Sein Schweif fegte ein Drittel der Sterne hinweg. Der Drache stellte sich vor das Weib, das ein Kind gebar, um ihre Nachkommenschaft zu verschlingen" (Offenbarung des Johannes Kapitel 12, Vers 1-4).

Die jeweils einflügeligen Seitenportale zeigen rechts das Pfingstereignis (Apostelgeschichte Kapitel 2): die Geist-Taube spendet in Gestalt von Feuerzungen die sieben heiligen Gaben. Links ist ein Lamm inmitten von sieben brennenden Leuchtern dargestellt – ein Doppel-Bild, das sich mit Christus als Mittelpunkt seiner Gläubigen

beschäftigt (Offenbarung des Johannes Kapitel 1 und 5).
Architekt Hugo Becker hat 1955/56 der Kirche eine Parabel als Grundriss gegeben (griechisch „parabola" bedeutet „Gleichnis"). Der Kirchenraum selbst ist Gleichnis eines geheiligten Raumes: die gerundeten Mauern sind nach hinten quasi endlos, holen weit aus und geben der ganzen Gemeinde Raum in einer lichten Weite, die Geborgenheit und Gemeinschaft atmet.

Der Altarraum

Im geometrischen Brennpunkt der Parabel führen kreisförmige Stufen zum klar strukturierten Altartisch aus rotem Sandstein empor, der in seinem Inneren Reliquien römischer Märtyrer und des Kirchenpatrons St. Petrus Canisius birgt. An Vorder- und Rückseite des Altars sind die 24 Ältesten dargestellt, die in weißen Gewändern „Gott auf dem Thron anbeten" (Offenbarung des Johannes Kapitel 4, Vers 4). Diese Mosaiken stammen, wie die Portale, von Peter Paul Etz.
Der Tabernakel, früher zentral auf dem Altar, steht seit dem II. Vatikanum erhöht dahinter. Er ist, der Vision des Johannes folgend, als Thron Gottes gestaltet: eine Arbeit der Mainzer Goldschmiedewerkstatt Weiland. Auf seinen goldenen Türen glitzern mehrfach gebrochene Glassteine: „Vor dem Thron Gottes war etwas wie ein gläsernes, kristallähnliches Meer" (Offenbarung des Johannes Kapitel 4, Vers 6). Vier hohe, mit blauem Email belegte Schwingen halten den Tabernakel, als schwebe er. Es sind die „vier Wesen mit Flügeln ringsum voll Augen", die Johannes sah und die vor Gottes Thron Lob singen.

Über Altar und Tabernakel flutet aus einer Kuppel, die vom Innenraum aus unsichtbar bleibt, das Licht durch eine Rundöffnung der abgehängten Decke herab: „Die neue Stadt Jerusalem bedarf nicht des Sonnen- und nicht des Mondlichtes. Denn die Herrlichkeit Gottes erhellt sie" (Offenbarung des Johannes Kapitel 21, Vers 23).
Das ewige Licht brennt rechts vom Altar in einer schlichten rubinroten Flach-Schale. Die Aufhängung hat Goldschmied Weiland als Jakobsleiter gestaltet, wie sie der Patriarch im Traum sah. Wenn schon nicht zum Himmel, reicht sie doch immerhin bis zur Decke und Engel steigen auf ihr hernieder (Genesis Kapitel 28, Vers 12 und 13). Wiederum rechts davon lädt eine Marienstatue von herber Schön-

Die Tür

heit, 1960 von Bildhauer Adam Winter in Terrakotta geformt, zu stillem Gebet. Sieben Kerzenleuchter erinnern hier an die Zahlenmystik der Offenbarung des Johannes, die sieben Wochentage und die Siebenzahl der im Altertum bekannten Planeten – wie die zweimal sieben schlanken Säulen, welche das Dach tragen.
Seit 1963 ergänzt ein Kreuzweg aus Keramik-Reliefs die Kirchenausstattung. Bruder Lukas Ruegenberg OSB aus Maria Laach hat die Leidensgeschichte des Herrn ergreifend einprägsam gestaltet. Links vom Altar steht seit 1968 das Taufbecken, dessen Deckel eine zierliche Petrus-Canisius-Figur überragt.
Die zwölf schlichten Apostel-Leuchter an der Chorwand und seitlich des Hauptportals wurzeln im Bild des neuen Jerusalem: „Die Mauer

der Stadt hatte 12 Grundsteine, auf denen die Namen der Apostel des Lammes geschrieben standen" (Offenbarung des Johannes Kapitel 21, Vers 14). Die Namen der Zwölf sind auf der mit Kupfer überzogenen Kommunionbank verzeichnet, die, in äußerster Reduktion, die Gläubigen weniger vom Altar abgrenzt als vielmehr die herausragende Bedeutung dieses „heiligen Berges" unterstreicht. Ein imposanter, freistehender Glockenturm, überdachte Gänge vor und ein kreisförmiger Kreuzgang hinter der Kirche waren geplant, wurden aber nie ausgeführt. Zu Seiten der Kirche liegen heute rechts die Pfarrräume, links die Werktags-Kapelle. Sie birgt mit dem spätbarocken Relief einer „Marienkrönung" eine kleine Kostbarkeit, die einen reizvollen Kontrapunkt zu der klaren modernen Formensprache der Gesamtanlage setzt.

Dr. Elke Schutt-Kehm

ST. PETRUS CANISIUS
Alfred-Delp-Str. 64
55122 Mainz
Gottesdienst:
Samstag 18.30 Uhr
Sonntag 10 Uhr
Öffnungszeiten:
Während der Gottesdienste
Barrierefreier Zugang
Kontakt:
Tel. 06131/41530
Fax: 06131/45571
E-Mail: pfarrbuero@canisius-mainz.de
Homepage: www.canisius-mainz.de

Schon im Mittelalter stand auf dem heutigen Lindenplatz in Mombach eine dem heiligen Nikolaus geweihte Kapelle. Sie wurde 1701 durch ein Feuer zerstört. Das Patronat dieser Kapelle mit dem ganzen Zehnten zu Mombach hatte das St. Petersstift zu Mainz.
Den Bau einer neuen Kirche rund 150 m westlich am damaligen Ortsrand finanzierte größtenteils der 1702 verstorbene Mainzer Domvikar Heinrich Georg de la Roche. Die 1702 bis 1703 erbaute Kirche erhielt durch Weihbischof Edmund Gedult von Jungenfeld am 19. August 1703 ihre Weihe. Als Patron hat man wiederum den heiligen Nikolaus gewählt. Daher feierte die Gemeinde im Jahre 2003 den 300. Weihetag der ersten St. Nikolaus Kirche.

Blick in den Altarraum mit dem aus Aluminium gegossenen Hängekreuz

1836 wurde der Turm der Kirche aus Kriegsentschädigungsgeldern um 5 m erhöht und mit Spitzhelm versehen. Unter Pfarrer Dr. Valentin Alois Franz Falk (1873-1887) ist die Kirche 1883 durch ein breites Querschiff erweitert worden.
Nachdem diese Kirche im Zweiten Weltkrieg Brandbomben zum Opfer fiel, begann man nach der Währungsreform mit einer monatlichen Haussammlung für den Wiederaufbau. Es wurde zunächst ein Pfarrsaal erbaut, der vorerst als Notkirche diente, 1976 erweitert und zum Gemeindehaus umgebaut wurde. Grundsteinlegung für die heutige St. Nikolaus-Kirche war der 2. Weihnachtsfeiertag 1955 durch Bischof Dr. Albert Stohr, der die Kirche am 1. Advent 1956 auch weihte.
Leitmotiv für den Kirchbau war Kapitel 21, Verse 2-3 aus der Geheimen Offenbarung des Johannes: „Ich sah die Heilige Stadt, ein neues Jerusalem ... Siehe, das Zelt Gottes unter den Menschen."
Äußerlich eher unscheinbar, überrascht das Innere der Kirche als ein

Druckfehler-Berichtigung

Auf Seite 129, zweitletzter Absatz, muß es richtig lauten:

Der Tabernakel mit dem frühchristlichen Symbol, dem Fisch, Kreuzweg und Ambo sowie ....

in Mainz einmaliges Dokument der zeitgenössischen Baukunst.
Die bauliche Konzeption der Kirche war ihrer Zeit weit voraus, denn lange vor der Liturgiereform des 2. Vatikanischen Konzils (1962 – 1965) war der Altar in die Mitte des versammelten Gottesvolkes gerückt (mit Sondergenehmigung). Nach dem Konzil war es lediglich notwendig, den Tabernakel von dem Altar herunterzunehmen und daneben aufzustellen, um die Heilige Messe zur Gemeinde hin feiern zu können. Für den Unterbau des Tabernakels wurden die weggenommenen Kommunionbänke verwendet.
Der Grundriss der Kirche hat die Form eines Kreuzes. Sie wird durch die Lampen und die Anordnung der Kirchenbänke noch hervorgehoben. An den vier Eckpunkten streben mächtige Pfeiler aus Sichtbeton in die Höhe und vereinigen sich in der Mitte. Sie symbolisieren die vier Evangelien nach Mattäus, Markus, Lukas und Johannes. Durch die Mund geblasenen kleinteiligen Fenster aus Antikglas in Grün-, Blau- und Violett-Tönen taucht der Besucher ein in ein mystisches Halbdunkel, das einlädt zu Gebet und Meditation. Die aus dunkelgrünem Naturstein bestehenden Bodenplatten sowie die übrige Farbgestaltung tragen weiter dazu bei.
Ins Auge fällt sofort der Altar mit dem Hängekreuz und den beiden Orgelkomplexen hinter dem Altar zu ebener Erde. Die Darstellung der „Hochzeit zu Kanaan" an der Frontseite des Altares durch den Bildhauers Heinz Hemrich regt durch ihre Eigenwilligkeit zum Nachdenken an. Wir sehen links das Brautpaar mit dem Speisemeister, die Wunder wirkende Handbewegung von Jesus in der Mitte des Bildes, die etwas ungeschlachten Diener mit den Krügen und die Mutter Maria, die mit einer Geste die Diener auffordert: „Was er euch sagt, das tut!" Alles in allem handelt es sich um eine seltene Raffung des Zeitablaufs.
Das aus Aluminium gegossene Altarkreuz zeigt den Auferstandenen, den am Kreuz Erhöhten, nicht den sterbenden Jesus.
Der Tabernakel mit dem frühchristlichen Symbol - dem Fisch-Kreuzweg - und Ambo sowie die Griffe an den Kirchentüren innen und außen - Engel darstellend als Hüter des heiligen Raumes - wie das Taufbecken in der Kapelle wurden ebenfalls von Heinz Hemrich geschaffen, ebenso der später hinzugekommene Bildstock aus Stahlguss. Maria hält in der Hand eine Aprikose, in Mombach „Maleede" genannt: Mombach war früher das deutsche Hauptanbaugebiet für Aprikosen.
Bei der Planung des Orgelbaues mussten viele Widerstände überwunden werden, bis das Instrument eine Form erhielt, die sich harmonisch der Architektur anpasst und musikalisch allen Anforderungen gerecht wird. Die Linienführung der Prospektpfeifen bildet zwei aufsteigende spitze Winkel. Der Spieltisch hat seinen Platz separat in der Mitte hinter dem Altar. Das Werk verfügt über zwei Manuale, 18 Register, drei Koppeln und zwei Freikombinationen. Die Orgel hat eine imponierende Klangfülle und Variationsbreite, was in der ausgewogenen Akustik der Kirche erfahrbar wird.
Links vom Altar ist vor knapp 10 Jahren eine neubarocke Darstel-

lung des Kirchenpatrons St. Nikolaus angebracht worden. Später folgte auf der rechten Seite eine Figur der Heiligen Hildegard von Bingen.
Wendet man sich vom Altarraum zur linken Seite, so gelangt man durch eine Glastüre in die Kapelle. Dort werden in der Regel die Werktagsgottesdienste gefeiert. An der rechten Wand befindet sich ein großes Fenster, das den Schutzheiligen als Patron der Schiffer auf dem Rhein darstellt, im Hintergrund die Höhenzüge des Taunus (Entwurf: Prof. Peter Paul Etz, 1982). In früherer Zeit war wohl ein großer Teil der Einwohner von Mombach Schiffer, Fährleute, Flößer. Sandfärcher und Fischer, weshalb der heilige Nikolaus zum Schutzpatron von Mombach wurde.
An der linken Wand befindet sich als einziger noch erhaltener Bestandteil der ersten St. Nikolaus-Kirche ein Flachrelief aus rotem Sandstein. Es zeigt Jesus am Ölberg und befand sich über dem Hauptportal des Gotteshauses. Zu sehen ist ferner die Jahreszahl der Erbauung der Kirche und der Name des Stifters des Reliefs. Die Inschrift lautet zu deutsch: „Gesetzt im Jahre 1703 von Lambert Riga, zur Zeit hier Schultheis".
Die vor der Kirche stehenden drei Glocken haben in den Hamburger Glockenlagern den Zweiten Weltkrieg überstanden und kehrten, jede einzeln (1947, 1948, 1949), in ihre Gemeinde zurück. Aus Geldmangel konnte der Glockenturm nicht zusammen mit der Kirche errichtet werden, doch wurde ein Turmbaufonds zur Sammlung von Geldern eröffnet und ein Förderverein gegründet.
Die Glocken wurden 1923 gegossen von der Glockengießerei Otto in Hemelingen bei Bremen und gestimmt auf die Töne: cis (St. Nikolaus-Glocke), e (Dreifaltigkeits-Glocke), fis (Muttergottes-Glocke), gis (St. Josefs-Glocke). Letztere war im Turm der Kirche verblieben und wurde ein Opfer der Zerstörung. Geweiht hat diese Glocken an Ostern 1923 Bischof Ludwig Maria Hugo und am darauf folgenden Weißen Sonntag riefen sie zum ersten Mal zum Gottesdienst.

Josefa Emrich

ST. NIKOLAUS-KIRCHE
Hauptstraße 153
55120 Mainz
Gottesdienst:
Sonntag 9.30 Uhr
Öffnungszeiten:
täglich 9-18 Uhr
barrierefreier Zugang
Kontakt:
Tel.: 06131 / 680320
Tel. und Fax: 06131 / 683170
E-Mail:
st.nikolaus.mombach@web.de

Die Kreuzkapelle wurde 1814 an der Stelle eines 1795 durch die Franzosen zerstörten Wegekreuzes vor dem Dorftor an der Straße nach Budenheim erbaut. Die Initiative hierfür ergriff infolge eines Gelöbnisses der Ortsbürger Bernhard Winter, um „mit Hilfe anderer an der Stelle des ruinierten Kreuzes zur Sühne unter einer Halle eine Kreuzigung errichten zu lassen'. Im Jahre 1874 wurde sie verändert, 1933 renoviert (Inschrift am Frontgiebel) und 1967 wegen einer neuen Verkehrsführung versetzt. 1996 neuerliche Renovierung.

Die Kreuzkapelle ist ein dreiseitig offener klassizistischer Bau. Vier toskanische Säulen auf hohen Postamenten tragen das Kreuzdach mit Dreiecksgiebeln. Dachreiter mit geschweifter Schieferhaube in barocken Formen. Die Reliefs in den Giebelfeldern zeigen Engel mit den Leidenswerkzeugen; nach vorn Krone und Nägel mit der Schrift: „Die Krone Christi kröne uns einstens mit der Krone der Glorie. Die Nägel Christi heften uns an Dein Kreuz, Dich nie zu verlassen. 1816"; nach rechts Lanze und Schwamm, Hammer und Zange und nach links das Veronicatuch.

Kreuzkapelle

An der Rückwand die Kreuzigungsgruppe über dem Altarsockel mit Reliefschmuck (klassizistisches Gehänge), vermutlich von Johann Baptist Scholl d. Ä.. Der originale, fast lebensgroße Korpus aus Lindenholz ist von Antiquitätenräubern im April 1955 gestohlen worden. Ein neuer Korpus wurde von Bildhauer Adam Winter, Mainz-Kastel, aus gebranntem Ton geschaffen. Die Weihe erfolgte am Fest Kreuzauffindung, 6.5.1956, durch Subregens Dr. Adam Groh.

Unter dem Kreuz stehen die Figuren von Maria und Johannes. Am Altarsockel ist zu lesen: „Sei gegrüßt, o heiliges Kreuz, o unsere einzige Hoffnung! Und alle, die den Weg vorübergehen, seyen eingedenk des Leidens Christi. Anno 1814."

In dem Glockentürmchen hängt ein Glöckchen (Nachguss) mit der Inschrift: + hans gensfleisch + richter + mccccIxxix + (1479). Das 525 Jahre alte Original ist eine der ältesten noch erhaltenen Glokken im Mainzer Raum und befindet sich als Dauerleihgabe im Diözesanmuseum.

Josefa Emrich

Kirche und Kirchenraum

Die Dreifaltigkeitskirche wurde 1960 nach den Plänen des Architekten Laubach erbaut. Durch ihre Lage am Hang bot sich die Möglichkeit einer Werktagskapelle in der „Unterkirche".
Beim Eintritt in den Kirchenraum der Dreifaltigkeitskirche wird der Blick ohne Ablenkung durch das Kirchenschiff auf das Altarbild „Festmahl der Völker" geführt. Unterstrichen wird diese Ausrichtung durch die nach vorn ansteigende Decke des Kirchenschiffes und die senkrechten Seitenpfeiler im Altarraum mit den dazwischen liegenden großen Fenstern.
Der Kölner Künstler Hermann Gottfried konnte für die Innengestaltung gewonnen werden. Er schuf das Altarbild auf der 103 qm großen Fläche der Chorwand und orientierte sich dabei an der strengen Architektur des Gotteshauses. Er übernimmt die Betonung senkrechter Linien, durchbricht diese aber immer wieder bewusst durch waagrechte. So entstehen zunächst einzelne Felder, die er im Übermalen der Linien wieder aufzulösen vermag. Vorsichtig – wie tastend – bringt er vom Rande her Farbe, die im Zusammenspiel mit der Architektur und der thematischen Gestaltung das Bild entstehen lässt.
Das Thema des Bildes ist „Der Herr der Heere wird auf dem Berg Zion für alle Völker ein Festmahl geben … Er zerreißt auf diesem Berg die Hülle, die alle Nationen verhüllt, und die Decke, die alle Völker bedeckt. Er beseitigt den Tod für immer." (Jesaja Kapitel 25, Verse 6-8)
Im oberen Drittel des Bildes hat Gottfried diese Mahlszene wiedergegeben. Davon tiefer angesetzt sind rechts und links Menschengruppen auf dem Weg zum Berge Zion. Darunter befinden sich einzelne Frauen und Männer. Sie sind herausgehoben und wie durch ein Teleobjektiv herbeigeholt aus verschiedenen Zeiten und Völkern. Die Mitte beherrscht die Christusdarstellung: gekreuzigt, aber zu neuem Leben erweckt. Engelgestalten am oberen Bildrand auf beiden Seiten erschließen einen Zugang zum Bild. Sie künden das Handeln Gottes für den Menschen an.
Das Bild bekommt seine farbliche Prägung durch den rot angelegten Doppelrahmen, dessen Rot aber auch die Fläche überfließt und das Dunkel der anderen Farben durchwirkt. Es ist Hinweis auf das Wirken des Gottesgeistes. Durch die großen und dunkel drohenden Farbflächen am unteren Bildrand kämpft sich das Rot wie Licht empor und schafft dem Leben Raum.
Auch der dunkle Todeskreis um das Christusbild ist aufgebrochen; es ist das Zeichen der Verklärung und der Verherrlichung geworden. Der Doppelrahmen kündet den göttlichen Bereich, in dem Licht in Fülle, Geborgenheit, Glück und unbegrenzte Zukunft sich für den Menschen von Gott her eröffnet. Der Rahmen grenzt aber nicht ab, sondern ist überall offen zum gegenseitigen Austausch zwischen Gott und den Menschen. Die vielen Abstufungen im Blau und Grau,

aber auch im Violett und Grün, spiegeln das Leben der Menschen wieder: Enge, Angst auf dunklem Weg, Last unentrinnbaren Leidens, Sorge um das tägliche Miteinander. Dazwischen kündet sich aufkeimende Hoffnung, beginnende Wende im Schicksalhaften an. Die eingemalten Rundbögen zeigen an: hier ist der Raum für die Begegnung der Menschen untereinander und mit Gott.
Der Künstler hat Gestalten gemalt, deren Leben durch die Begegnung mit Gott im Mitmenschen geprägt waren: Auf der rechten Seite unten der junge Pankratius, Patron der Gemeinde. Er greift nach dem Kreuz, ohne es – wie besitzend – zu umfassen. Damit nimmt der Künstler Bezug auf seinen Märtyrertod, mit dem er sein Leben aufgab, allein im Vertrauen auf die Zusage hin, neues Leben in Christus zu erhalten. Neben Pankratius stehen Heilige aus der Geschichte der Mainzer Kirche. Rabanus Maurus – als Beigabe im Hintergrund eine Säule – ist Kirchenlehrer und wurde 847 Erzbischof von Mainz. Die heilige Hildegard wirkte im 12. Jahrhundert im rheinhessischen Raum. Sie hält ein Buch in Händen. Die vierte Gestalt auf der rechten Seite ist der heilige Martin, Bischof von Tours und Schutzpatron des Mainzer Domes und Bistums.
Auf der linken Seite, von der Bildmitte ausgehend, sehen wir Maria mit dem Kind, hineingemalt in den Rahmen. So wird ihre besondere Erwählung und Zuordnung zum Heilswirken Gottes deutlich.

Die Werktagskapelle

Nun folgen Gestalten unseres Jahrhunderts: Mutter Teresa - sie steht stellvertretend für die vielen Mitschwestern, die sie in der Arbeit an den Menschen in den Elendsvierteln der Welt unterstützen.
Als dritte Gestalt ist Martin Luther King dargestellt. Die Bewegung seiner Hand weist über ihn hinaus, lässt aufhorchen auf eine Bot-

schaft, der er in seinem Leben diente: Gleichberechtigung, Vergebung und Frieden. Als letzten sehen wir auf dieser Bildhälfte den polnischen Franziskanerpater Maximilian Kolbe, der für einen anderen Mitgefangenen des KZ Auschwitz in den Hungerbunker geht. So stehen diese Menschen stellvertretend für ihre Zeit und für ihre Völker. Sie sind alle auf dem Weg, der sich aus der Verheißung Gottes ermöglicht. Die Engelgestalten sind Künder dieser Botschaft, Mahner und Begleiter des Menschen. Letzte Botschaft hat uns Jesus Christus gebracht und in ihm hat die neue Zeit begonnen. Das Leben hat den Tod überwunden. So ist Jesus der Weg, die Wahrheit und das Leben.
Ebenso wie das Altarbild wurde auch der Kreuzweg von Hermann Gottfried geschaffen.

Die „Marienkapelle" (Werktagskapelle)

Im Jahr 2003 wurde die Renovierung der Marienkapelle nach den Plänen des Architekten Roman Humpel abgeschlossen. Der Gottesdienstraum besticht durch seine Schlichtheit und Reduzierung auf das Wesentliche. Altar und Taufstele aus hellem Stein und der Tabernakel mit changierender Oberfläche fügen sich harmonisch in das Gesamtkonzept des Raumes ein.
Die Rückfront aus Glas ermöglicht Transparenz: der Blick von drinnen nach draußen ist ebenso gewollt wie der Einblick im Vorübergehen.

Die Wendelinuskapelle

1866 im neugotischen Stil erbaut steht die Wendelinuskapelle im Lennebergwald noch auf dem Gebiet der Budenheimer Pfarrgemeinde. Das eher schlichte Bauwerk mit einer Marienfigur aus dem 17. Jahrhundert ist alljährlich Ziel der Budenheimer Wendelinuswallfahrt am 3. Sonntag im Oktober.

Maria Sieben
(unter Verwendung einer Altarbildbeschreibung
von Pfr. Günter Hasenbein)

KATH. PFARRGEMEINDE
ST. PANKRATIUS
Gonsenheimer Str. 43
55257 Budenheim
Gottesdienste:
In der Dreifaltigkeitskirche:
Sa 18 h + So 10 h
Öffnungszeiten
täglich
barrierefreier Zugang
Kontakt:
Tel. 06139/2129
Fax 06139/1420
info@st-pankratius-budenheim.de

Der Bau dieser Kirche wurde im Zusammenhang mit dem Wohnheim für die studentische Generation 1960 begonnen. 1961 konnte sie benediziert und 1963 von Bischof Hermann Volk konsekriert werden. Die Architekten Wagner und Vorlaender hatten neue funktionelle Baustoffe als Gestaltungsmaterial genutzt: Sichtbeton als Hauptelement für die innere und äußere Konzeption. Ein quaderförmiger Glockenturm kündet schon von weither den Standort des Baukörpers, dessen Grundriss ein einfaches Quadrat ist, und der im Innern durch verschiedene Raumhöhen und Gliederungen bewegt wird. In lebendiger Spannung zu dem eintönigen Grau stehen die warmen, ockerfarbenen bis dunkelroten holländischen Ziegeln der Altarwand. In das aus Stahl und Beton bestehende Gerippe der Ostwand hat Roland-Peter Litzenburger buntes Betonglas komponiert, das einfallendes Licht in harmonischen Farben bricht.

Taufbrunnen und zugleich Weihwasserbecken

Die Westfensterseite wurde 30 Jahre später 1992 von Elke Pfaffmann gestaltet. Schwebende Antikglaselemente in undifferenziertes Industrieglas gefügt, führen zu zwei diagonalen, miteinander verbundenen Körpern, einer grünen Hoffnungsfigur, die sich von links unten, dem materiellen Raum, aufschwingt ins Geistige rechts oben. Schwarze, bedrohliche Wirrnisse sind kein Hindernis für ein meditatives Blau der Stille und ein komplementäres frohes Orange.

Das alles beherrschende Kreuz von Josef Rikus (1965) orientiert sich nicht an Herkömmlichem. Es verkündigt nicht nur den Tod, auch wenn Christus unlösbar mit den Balken verbunden ist, sein Körper wie mit Messern aus der Bronze geschnitten, seine angenagelten Arme aber offen sind zum Umfangen, und sein Antlitz überraschend sensibel ist. Das ist die Überwindung des Todes.

Der Raum unter der Empore war ursprünglich mit anderer Sitzordnung als privater Gebetsraum gedacht. So führt er in die trostlose Einsamkeit einer Pieta-Szene. Peter Paul Etz hat sie in weißgrünen und graublauen Tönen gemalt, Obwohl wir wissen, dass die beiden Leitern zu den Querbalken des Kreuzes führen, assoziieren wir die Hoffnung, dass sie wie in Jakobs Traum zum Himmel führen und Engel auf- und niedersteigen, um die Unbegreiflichkeit des Leidens zu ertragen.

Engel, als Mittler zwischen Gott und Mensch, wir wünschten uns einen solchen Begleiter für die Gemeinde, ein Bildzeichen nach Innen und nach Außen. So schuf Evamaria Brückner von Eiff den Türhüter (1981), der sich in die flachgestreckte Portalwand fügt. Fliegend erhebt er die Rechte zum Gruß, als Wegweisung, als Schutzgebärde. Die Linke greift weit zurück, als wollte sie eine Hand erfassen:

Noch sah ich ihn nicht
Doch manche Stunde
Spüre ich seinen Atem
Und wie er mich hält
Mit gewaltig starker Hand.

Die Nordwestecke des Innenraums ist ursprünglich als Baptisterium konzipiert, bot sich aber rasch ob ihrer Geschlossenheit als Werktagskapelle an. Nachdem Kreuz und Pieta ihren Platz gefunden hatten, war hier Raum für den Anfang der Heilsgeschichte, für das Bild einer Madonna (1984). Es ging nicht nur um Harmonie zwischen Mutter und Kind, sie sollte wie alle Kunst im Kirchenraum Schwelle sein zum Überschreiten, d.h. vom Schauen zum Beten führen. Maria, die Frau, die Gottes Nähe mit ihrem bedingungslosen Ja zugelassen hat, ist der Schoß, der die Verheißung aufnimmt, aus dem Heil und Heilung wächst. Im Durchtragen dieser Bereitschaft wird sie zum Thron, der das Wunder trägt. Auch diese Arbeit ist von Evamaria Brückner von Eiff.
Ihr wurde dann auch 1992 die Ausführung des Taufbrunnens anvertraut. Der Auftrag war, ein Gefäß zu schaffen, wo das Osterwasser für den Täufling aufbewahrt wird, und das in einer kleinen Silberdose den Chrisam trägt, Siegel des Hl. Geistes auch für die Firmlinge, und das zugleich Weihwasserbecken für den Eintretenden ist. Diese Funktionen bestimmen seinen zentralen Ort im Fluchtpunkt des Kreuzes auf dem Weg dorthin. Die Bezogenheit von Geburt und Tod legten das gleiche Material nahe und auch die gleiche innere Struktur aus der aufsteigenden Vertikalen und der sie durchschneidenden Horizontalen, damit aus dem Gefäß ein liturgischer Raum werde. Die mütterliche Aussage Gottes, dass Ruach, die Geistin, über den Wassern brütete, schafft mit ihren bergenden Flügeln die waagerechte Bewegung. Daraus wächst die senkrechte Gestalt, durch den Ammoniten gleichsam ins Unendliche geführt, aber auch paradoxerweise in die eigene Tiefe. Dort ist die Perle des Himmelreichs zu finden, angedeutet durch den Bergkristall, unter dem das Heilige ÖL aufbewahrt wird. So bedeutet das Berühren des geweihten Wassers nicht nur Reinigung, sondern Eintreten in das Mysterium des Glaubens.
Neben dem Brunnen wächst aus gleicher Hand ein starker dreifaltiger Weinstock, der das Osterlicht trägt. Die bergenden Stämme sind von Leben umschlungen, das ein kleiner Vogel besingt.
Für die der Werktagskapelle gegenüberliegende Wand kopierte Evamaria Brückner von Eiff 1987 zum Gedenken an zwei in der Gemeinde verunglückte Mitglieder eine Himmelfahrtsikone aus dem 17.Jahrhundert. Ikonen sind Theologie in Farbe. Die umgekehrte

Perspektive, das Fehlen von Licht und Schatten und illusionistischen Räumen hebt die Ich-Zentrierung des Malers und des Beschauers auf. Reines Gold, das unvermischtes Licht ist, deutet auf nur geistig Erfassbares, auf mystische Ursachen unseres Seins.
Diese scheinbar unveränderlichen Wegzeichen unserer Geschichte müssen von jeder Generation mit neuen Augen gesehen und mit neuen Inhalten gefüllt werden: Es ist der Beschauer, der sie am Leben erhält.

Evamaria Brückner von Eiff

KHG ST.ALBERTUS
Saarstraße 20
55122 Mainz
Gottesdienst:
Sonntag: 11 Uhr Gemeindegottesdienst,
19 Uhr Hochschulgottesdienst
Öffnungszeiten:
Die Kirche ist tagsüber geöffnet; Eingang vom Innenhof aus.
Kontakt:
Tel.: 06131/322102
Fax 06131/322100
khg@-mainz.de
www.khg-mainz.de

Die Entwicklung der Pfarrgemeinde.
Das Gebiet, das heute zur Pfarrgemeinde St. Rabanus Maurus gehört, war noch nach dem zweiten Weltkrieg bis auf bescheidene Ausnahmen, unbebautes Land am Rande der Stadt Mainz. Der Kern der eigentlichen Siedlung auf dem Hartenberg ist im wesentlichen in der ersten Hälfte der sechziger Jahre entstanden. Schon bei der Bebauungsplanung war es die Sorge des Bischöflichen Ordinariates Mainz, dieser Siedlung auch ihren religiösen Mittelpunkt zu geben. Damals bemühte sich die deutsche Ordensprovinz der Oblaten der Makellosen Jungfrau Maria um einen Platz in Mainz für die neue Niederlassung des Provinzialhauses. Man kam überein, dieses Haus auf dem Hartenberg zu errichten, wobei die Oblaten in Zukunft die Seelsorge in diesem Neubauviertel übernehmen sollen.
Die wachsende Zahl der Gläubigen veranlassten die Katholiken des Neubaugebietes im November 1962, dem Bischöflichen Ordinariat die religiöse Notlage darzulegen. Daraufhin errichtete der Bischof von Mainz mit Wirkung vom 1. Januar 1963 die katholische Pfarrkuratie St. Rabanus Maurus.

St. Rabanus Maurus: Blick in den Innenraum

Inzwischen war die jetzige Garage des Oblatenklosters zur Notkirche hergerichtet worden. In ihr verlas der damalige Seelsorger Pater Alois Wenzel am zweiten Weihnachtstag die Urkunde über die Errichtung der Pfarrkuratie, in der es heißt: Wir errichten nach Anhören des Domkapitels und aller hierfür in Betracht Kommenden aus Teilen der Pfarrkuratien St. Bonifaz und Liebfrauen in Mainz und

St. Johann Evangelist in Mainz - Gonsenheim die Pfarrkuratie und Kirchenstiftung St. Rabanus Maurus in Mainz. Zur vorläufigen Pfarrkuratiekirche bestimmen wir die auf dem Gebiet des Hartenbergs errichtete Notkapelle.
Aller Anfang ist schwer. Das galt auch für den Beginn dieser Gemeinde. Dem Seelsorger stand im entstehenden Kloster nur ein Raum zur Verfügung, der Sprechzimmer, Büro, Wohn - und Schlafraum in einem war. Ein ausgedienter Eisenbahnwaggon war der Versammlungsraum.

Daten und Zahlen

1962 Oblaten bauen auf dem Hartenberg
1963 Am 1. Januar errichtet der Bischof von Mainz die katholische Pfarrkuratie St. Rabanus Maurus. Seelsorger ist Pater Alois Wenzel. In der Garage des Oblatenklosters ist die Notkirche untergebracht. Diözesanbaurat Dicke entwarf die Pläne für die neue Kirche.
1964 konnten die Bauarbeiten beginnen. Am 23. August legte Generalvikar Ludwig Haenlein den Grundstein.
1965 wurde am Mittwochabend vor Pfingsten die Kirche nach gut einjähriger Bauzeit durch den Bischof von Mainz, Dr. Hermann Volk, geweiht.

Die Fenster von Alois Plum

Das große Rückwandfenster hat Pfingsten-Geistsendung zum Inhalt.
Die vorderen Fenster rechts und links des Altars beinhalten Verkündigung und Eucharistie. Im linken Verkündigung durch das Wort, das gleich Samen auf den Acker fällt, umgeben von den vier Evangelisten Markus, Matthäus, Lukas und Johannes. Im rechten Fenster versinnbildlichen Trauben, Ähren und Kelch, das Brot und den Wein des Abendmahl.

Mit der Gestaltung der vier unteren kleinen Fenster soll in besonderem Sinne auf Rabanus Maurus hingewiesen werden. Ihnen liegt der Text des Pfingstgesanges „Veni creator Spiritus - Komm Schöpfergeist, der Leben schafft" zugrunde, eine Dichtung, die Rabanus Maurus zugeschrieben wird.
Die Darstellungen versinnbildlichen in Farbe und Bewegung den Inhalt: Schöpfung, Odem, Leben, Pneuma - Geist Gottes, sieben Feuerzungen für „Leben und Glut." Ein Regenbogen, Zeichen für Gottes Frieden, der Unheil bannen möge. Darunter bedrohlich das Böse in einem sich auftürmenden, zerrissenen Dornengestrüpp symbolisiert. Die nächste Darstellung weist auf den dreifaltigen Gott hin. Das

große Goldgelb steht zeichenhaft für den Vater, die rote Kreuzform mit den angedeuteten Wundmalen für den Sohn, das Blau der Wasserströme für den Geist, „der uns durchdringt und das Leben Gottes bringt." Damit wird auch der Taufort hervorgehoben, der schon durch das kleine Fenster mit dem roten Stein eine Markierung erfährt. Die Fenster versinnbildlichen die Dichtung des Rabanus Maurus zusammenfassend als Ganzes, gleichsam eines Zyklus.
Diese Fenster wurden von dem Künstler Alois Plum, ebenso die Buntverglasung der Laterne, geschaffen.
Unser Kreuzweg wurde entworfen von den Künstler-Geschwistern Dehnen aus Höhr-Grenzhausen, 1981.

Hans Werner Braun

ST. RABANUS MAURUS
Am Judensand 31
55122 Mainz
Gottesdienste:
Sa. 18.30 Uhr Vorabendmesse
So. 10 Uhr Hochamt
Öffnungszeiten:
nur zu den Gottesdiensten
Kontakt:
Tel: 06131/375850
Fax: 3758516

Die Pfarrgemeinde Liebfrauen liegt im nordwestlichen Gebiet der Mainzer Neustadt.
Die Kirche wurde am 1.2.1931 errichtet. 1933 baute man das Gemeindehaus. Der große Saal diente viele Jahre hindurch als Notkirche.
Durch die Bebauung der Neustadt nahm die Bevölkerung zu und dadurch ergab sich die Notwendigkeit zum Neubau einer größeren Kirche. Am 1. Oktober l966 wurde die neue Kirche von Bischof Hermann Volk eingeweiht. Architekt war Bernhard Schmitz aus Mainz. Besonders zu erwähnen sind die beiden Fensterwände von Peter Paul Etz. Die Nordwand mit Darstellungen aus dem Alten Testament, gewissermaßen Vorbilder des Neuen Testamentes:

Paschamahl – Auszug aus Ägypten
Die eherne Schlange
Durchzug durch das Rote Meer.

Die Südwand gegenüber: Neuer Bund, die Vollendung des Alten Bundes.

Gründonnerstag – Einsetzung des Abendmahles
Christus am Kreuz

Der Altarraum

Die Auferstehung des Herrn.

Der Kreuzweg aus der Notkirche schmückt jetzt die Rückwand der Kirche, je 7 Stationen zu beiden Seiten des Taufsteins. An der südlichen Außenwand zeigt sich jetzt die Madonna der Notkirche, während eine moderne Muttergottesstatue (Entwurf Herr Volz) sich im Innenraum befindet. Die musizierenden Engel sind zu beiden Seiten der Orgel angebracht.

Die Rückseite des Altarraumes zieren drei Apostelfiguren (Abgüsse aus dem Tympanon von Alt-Liebfrauen am Domplatz aus dem 13. Jahrhundert). Es sind Matthäus und die Zwillingsbrüder Johannes und Jakobus. Zwischen ihnen hängt ein modernes Kreuz.

An der rechten Seitenwand, neben dem Tabernakel, befindet sich das Abendmahlsbild.

In den Vorraum des Nordeinganges wurde das Winter'sche Kruzifix übernommen.

Alle Tonarbeiten in Flach-Relief sind von dem Mainzer Künstler Adam Winter geschaffen.

Unter der Kirche befindet sich noch eine Krypta, in der die Werktagsgottesdienste stattfinden.

Maria Korb

KATH. PFARRAMT „LIEBFRAUEN"
Moselstr. 30
55118 Mainz
Gottesdienst:
Samstag 18 Uhr
Sonntag 8.45 Uhr Gemeindegottesdienst
10 Uhr Kindergottesdienst
11 Uhr Spaniergottesdienst
Öffnungszeiten:
zu den Gottesdiensten
(oder nach tel. Absprache)
Kontakt:
Tel. 06131/677502
Fax 06131/ 677549
Email: liebfrauen-mainz@t-online.de

Das „Münchfeld" (heute Teil des jüngsten Innenstadtteils „Hartenberg-Münchfeld") war am Ende der sechziger Jahre fast vollständig bebaut und zählte damals unter ca. 5000 Einwohnern etwa 2800 (heute 2200) Katholiken. Im November 1968 wurde die vom Gonsenheimer Architekten Bernhard Schmitt entworfene Pfarrkirche von Bischof Dr. Hermann Volk geweiht.
Die Grundrissform des Kirchenraumes ist eine Parabel. Die Kirche steht frei auf dem Eckgrundstück an der Dijonstraße und der Straße „An der Allee". Die gegliederte Eingangswand möchte die einladende Hinwendung zur Gemeinde ausdrücken.
Von der Seite gesehen, ragt die 9 bis 16 Meter hohe Außenschale wie der Bug eines Schiffes zum Himmel und erinnert an das Lied „Ein Schiff, das sich Gemeinde nennt, fährt durch das Meer der Zeit".

Der Altarraum

Seit Juni 1980 befindet sich im Kirchturm ein vierstimmiges „Friedensgeläute", als Vermächtnis des 1979 verstorbenen Pfarrers Hans Brantzen. Mit seiner strengen Silhouette beherrscht der 35 Meter hohe Turm das Straßenbild „An der Allee", quasi als Zeigefinger

Gottes. Dieser Eindruck wird durch die abendliche Beleuchtung noch verstärkt.
Hauptkirche und Seitenkapelle bilden einen großen Chorraum, der von einem hohen Schwebekreuz mit goldfarbigem Korpus über dem Hauptaltar beherrscht wird. Die weit ausgestreckten Arme laden zur Mitfeier am Tisch des Herrn ein. An der Stirnseite zur Seitenkapelle trägt ein Stahlrelief den vergoldeten Tabernakel mit eingefügten roten Glasstücken. Dieses Relief symbolisiert den „brennenden Dornbusch", die Gegenwart Gottes. Auf das 6.und 7. Kapitel der Offenbarung des Johannes weisen die Glasmosaik-Fenster über den Beichtstühlen am Rand der Seitenkapelle hin: das „Lamm Gottes" in der neuen Stadt Jerusalem begleitet uns zum Altarraum.
„Ave mater salvatoris!" – „Sei gegrüßt, Mutter des Erlösers!" lautet die Inschrift am Marienrelief in der seitlichen Nische. Die Schieferplatte wurde von Leo Brandmüller, einem Mitglied der Gemeinde, als Flachrelief bearbeitet. Die ovoiden Kompositionslinien wiederholen die runden Formen des Chorraums. Das Bildwerk verleugnet jegliches Körpergefühl, strahlt somit eine hoheitsvolle Ruhe aus, die dem Betrachter jedoch auch einen Eindruck von Mütterlichkeit vermittelt. Leo Brandmüller entwarf auch den großen Osterleuchter im Chorraum.
Über dem Hauptportal befindet sich die breite Empore, teilweise in die Glas-Lichtwand hineinragend. Die neue Orgel mit 24 Registern wurde 1990 von der Orgelmanufactur Vleugels, Hardheim, gebaut. Die rückwärtige Lichtwand und die Laterne über dem Hauptaltar lassen durch die farbigen Glasmosaiksteine auf dem Schiefer und Holz des Fußbodens unerwartete Farbspiele entstehen.
Auf der rechten Wandfläche vom Seiteneingang zum Chorraum hängen in Augenhöhe die 14 Kreuzwegstationen, patinierte Aluminiumplatten, die den Leidensweg Christi darstellen, beginnend mit der Verurteilung. Der Bildhauer Reinhold Petermann aus Mainz-Finthen schuf dieses Werk, ebenso das Schwebekreuz, den Ambo, das Stahlrelief um den Tabernakel und das Adler-Symbol auf der Außenwand.
Neben dem Eingang zur Seitenkapelle ist eine Darstellung des Hl. Antonius von Padua zu sehen. Der fränkische Bildhauer Lothar Bühner verbindet auf dem Flachrelief aus hellem Sandstein gegenständliche Elemente mit modernen Gestaltungsformen.
Nahe dem Hauptportal an der Glasmosaikwand befindet sich unter einer schlichten Marmorplatte das Grab von Pfarrer Hans Brantzen, der von 1964 bis 1979 die Gemeinde betreute. Wir verdanken ihm den Bau der Kirche, des Pfarrhauses und Kindergartens.
Auf dem Gelände des Kath. Jugendwerkes befindet sich bei den Tagungsstätten des Bundes der Katholischen Jugend (BDKJ) und der Sporthalle die Don-Bosco-Kapelle aus den 50er Jahren.
Sie diente der Gemeinde St. Johannes Evangelist als erste Pfarrkirche und erinnert auch an Pfarrer Andreas Niklaus (1955-1964), den Gründer des „Jugendwerkes".
Auf der Kreuzterrasse steht weithin sichtbar das Kreuz vom Deut-

schen Katholikentag 1948, dem ersten in der Nachkriegszeit.
Zum Pfarrzentrum von St. Johannes Evangelist gehört auch ein „Haus der Gemeinde", das 1981-1983 weitgehend in ehrenamtlicher Arbeit durch die Gemeindemitglieder errichtet wurde. Zuvor gehörte der Pavillon zur Pflegevorschule des Vinzenz-Krankenhauses.

Dr. Michael Kläger und Johannes Hoffmann

PFARRKIRCHE ST. JOHANNES EVANGELIST
Dijonstraße 1
55122 Mainz
Gottesdienst:
Sonntag 10 Uhr und 19 Uhr
Öffnungszeiten:
Mo. Di. Do. Fr. ab 9.30 Uhr und zu den Gottesdienstzeiten
barrierefreier Zugang durch den Seiteneingang zum Pfarrhaus
Kontakt:
Tel. : 06131-383766
Fax : 06131–383788

Wenn sonntags gegen 8.30 Uhr bescheiden die Glocke vom Turm der ehemaligen Krankenhauskapelle läutet, dann wissen Patienten, Mitarbeitende so wie die Besucher und Besucherinnen, die von außen kommen, dass bald die Sonntagsmesse in der neuen Krankenhauskapelle beginnt.
Als die 1851 von Bischof Ketteler gegründete Kongregation der Schwestern von der Göttlichen Vorsehung sich der Not der Menschen folgend für den Krankendienst entschieden hatte, bekam sie 1911/1912 in Mainz ihr erstes großes Krankenhaus. Es steht auf historischem Grund nahe den Römersteinen im „Heiligen Tal". Der Bischof widmete es der Heiligen Hildegard von Bingen als Patronin. Die Krankenhauskapelle, die am 27. November 1912 durch den damaligen Mainzer Bischof, Dr. Heinrich Kirstein, eingeweiht wurde, steht unter dem Schutz des Heiligsten Herzen Jesu.
Am 10. Mai 1972 weihte der damalige Mainzer Generalvikar Haenlein die neue Krankenhauskapelle ein, die ebenso wie die alte Kapelle dem Heiligsten Herzen Jesu gewidmet ist.
Wer heute das Hildegardiskrankenhaus betritt, wird gleich im Eingangsbereich auf diese neue Kapelle hingewiesen, die vom Mainzer Architekten Faust entworfen und erbaut wurde.
Die Kapelle, ein freistehender Bau, befindet sich im Untergeschoss des Krankenhauses; sie ist so positioniert, dass sie das „Haupthaus" mit dem „Gartenbau" verbindet, dem Gebäude mit den Fachabteilungen für Pneumologie.
Der Kapellenbau, eine Betonkonstruktion, besticht durch seine betonte Schlichtheit und doch architektonische Raffinesse, z.B. durch die oktogonische Rahmenvorgabe.

Altarraum der Hildegardiskapelle

Der Innenraum ist ein schöner, heller Raum, zwei große bunte Glasfenster lassen das Licht durchscheinen und ermöglichen herrliche Lichtspiele. „Der Glaube an den Auferstandenen bringt Licht in das Leben", so könnte man dieses Lichtspiel beschreiben.
Die bauliche Gestaltung verrät den eindeutigen Einfluss der Liturgiereform des II. Vatikanischen Konzils: die Bänke sind um den Altar angeordnet, so dass deutlich wird: das Volk Gottes feiert zusammen mit dem Priester Eucharistie.
Immer wieder suchen Menschen tagsüber diesen Raum zur Stille und zum Gespräch mit Gott auf.
Wer den Kapellenraum betritt, dessen Blick wird auf das große Kreuz im Chorraum gelenkt. Es ist ein Bronzekreuz, das den gekreuzigten Jesus, umgeben von Weinstöcken und Reben, zeigt: Tod und Leben liegen beieinander. Der Tod ist das Tor zum Leben. Gott lässt sich nicht von den Mächten der Welt bezwingen, er erweckt zu neuem Leben an seiner Seite.
Ein zweiter Blick wird auf das Tryptichon des Mainzer Künstlers Helimar Schorrmans gelenkt. Dieses erhabene Kunstwerk über die Visionen der Heiligen Hildegard ist ein dreiteiliges Ölgemälde, das auf eine Leinwand aufgebracht ist. Mit ihm drückt der Künstler die Bedeutung der Heiligen Hildegard insbesondere für die damalige Kirche von Mainz aus. Sie war eine unbequeme, kritische, nicht ängstliche Frau, die ohne jeden Stolz, aber doch entschlossen, vor den damaligen Kirchenfürsten und Erzbischöfen und sogar vor dem Papst aufgetreten ist, um ihre prophetische Stimme gegen die Missstände in der Kirche zu erheben und auf den dringenden Wandel der Kirche zu den Menschen, zu den Armen und Schwachen hin zu drängen.
Ein stilles Betrachten dieses Kunstwerkes mit seinen visionären Darstellungen versetzt den Betrachter in die Zeit der Heiligen Hildegard und die damaligen Zustände in der Kirche und holt ihn in die Gegenwart zurück: die Botschaft Jesu greift in die Zeit über die Kirche hinaus, hin auf das Reich Gottes.

Josef Kolbeck

KAPELLE IM HILDEGARDIS-KRANKENHAUS MAINZ
Hildegardstr. 2
55131 Mainz
Gottesdienste:
samstags: um 17 Uhr;
sonn- und feiertags: 8.30 Uhr
Öffnungszeiten:
8 - 19 Uhr geöffnet.
Kontakt:
Telefon: 06131/147-0
(Krankenhauszentrale)

Die Pfarrei Heilig Geist in Mainz Mombach ist verhältnismäßig jung. Am 1. November 1969 wurde sie im Neubaugebiet „Am Westring" gegründet und Herr Pfarrer Heinz Schmitz wurde von Kardinal Volk zum Pfarrer dieser neuen Gemeinde ernannt. Noch im gleichen Jahr wurde mit der Planung eines Gemeindezentrums begonnen. Neben der Finanzierbarkeit des Bauvorhabens spielte bereits der Priestermangel und die Erkenntnis, dass eine Umkehr der Tendenz nicht zu erwarten ist, eine entscheidende Rolle. Damit war aber auch die Basis gelegt für die weitere Gestaltung des Gemeindezentrums. Es sollte ein funktionelles Gebäude werden, wo auch für den Fall, dass es in der Pfarrei einmal keinen Pfarrer mehr gibt, noch ein funktio-

Das Arche-Fenster

nierendes Gemeindeleben möglich ist. Nach intensiven Planungsgesprächen - klassische Kirche oder eine andere Lösung - hat man sich zu Gunsten eines Pfarrzentrums entschieden: ein großer Gemeindesaal als Zentrum, der zu Gottesdiensten mit einem Kapellenraum verbunden werden kann, und entsprechende Nebenräume sollte es sein. Der Architekt Bernhard Schmitz wurde mit der Planung und Bauleitung des Pfarrzentrums beauftragt. Die Grundsteinlegung fand am 18.3.1972 statt. Am 14.1.1973 wurde das Gemeindezentrum feierlich eingeweiht. Die Pfarrgemeinde gab sich den Namen „Heilig Geist" in Anlehnung an eine alte Flurbezeichnung

Blick in den Gemeindesaal

„Ob dem Heiligen Geist". Die erste soziale Einrichtung in Mainz, das Hospiz Heilig Geist, hatte Besitz auf dem Gebiet des heutigen Pfarrzentrums, einem ehemaligen Waldgebiet. Wenn man heute die Kreuzstraße von Mombach (Kreuzkapelle) herauf kommt, fällt an der Einfahrt zum Wohngebiet „Westring" ein flacher Gebäudekomplex mit einem erhöhten Gebäudeteil auf, das Pfarrzentrum „Heilig Geist". Äußerliche Zeichen des Pfarrzentrums sind links vom Eingang ein großes Holzkreuz und davor eine stilisierte, leicht erhöhte Kanzel. An der Wand hinter dem Kreuz haben Gemeindemitglieder in späteren Jahren ein Fischmosaik mit blauen und weißen Steinen gelegt. Rechts oben am First des erhöhten Gebäudeteils ist eine Betonplatte mit einer Grafik von Architekt Berhard Schmitz angebracht mit den Buchstaben in Kreuzform: H(aus) D(er) K(atholischen) G(emeinde)und der Abbildung einer Taube für das Wort: Heilig Geist.

Beim Betreten des Pfarrzentrums fällt sofort die beabsichtigte Funktionalität des Zentrums auf. Ein Gang führt links zur ehemaligen Pfarrerwohnung, geradeaus zur Pfarrbücherei mit angrenzendem Tagungsraum und rechts zum Gemeindesaal mit angrenzender Kapelle. Vorher sollten wir nicht versäumen, im Pfarrsekretariat einen Blick auf den interessant gestalteten Grundstein zu werfen, der von Hannes Gaab aus Mainz gestaltet wurde.

Beim Betreten des großen Gemeindesaals fällt sofort am Ende des Ganges ein Glasfenster in dunklen, grünen, violett und blau gehaltenen Tönen auf, das von dem Mainzer Künstler Peter Paul Etz gestaltet wurde: Die Arche auf stürmischer See; darüber, vor dunklen Wolken, ein Regenbogen, der sich über das ganze Fenster spannt. Links oben am Fenster werden die Wolken heller, aus denen eine weiße Taube mit einem Ölzweig im Schnabel schwebt.

Im Gemeindesaal selbst kommt der Mehrzweckcharakter zum Ausdruck: Ein hoher Raum mit kühlen, grauen Betonpfeilern und einer einfachen Betondecke. Optisch und baulich davon getrennt, der zu Sonntags-Gottesdiensten integrierbare Kapellenraum. Trotz aller Sachlichkeit lädt die gelbliche Strohmattenbespannung der Wände, das warme Braun des Parkettfußbodens, der bis in den Altarraum der Kapelle reicht, und die braune Bestuhlung, die zu Gottesdiensten auf den Altar ausgerichtet ist, zum Verweilen ein.

Der braune Holzaltar bildet zusammen mit dem Wandgestühl einen harmonischen Kontrast zur weißen Kalksteinwand hinter dem Altar. Der Korpus Christi aus dem 18. Jahrhundert an der hellen Wand, fokussiert den Blick auf das Wesentliche.

12 kleinen Kreuze an der Wand über dem Korpus, aus hervorstehenden Kalksandsteinen gestaltet, symbolisieren die 12 Apostel. Links

neben dem Altar steht ein einfacher Ambo aus Holz und rechts ein großes geschmiedetes Kreuz. Die Holzarbeiten (Altar, Ambo und Gestühl) im Kapellenraum wurden von Prof. Helmut Starke entworfen.

Der Tabernakel von Prof. Erwin W. Hupert, rechts im Altarraum, spannt mit seiner Gravur den Bogen vom Geheimnis der Eucharistie zur Pfarrgemeinde, seinen Bewohnern, den Häusern, Obstbäumen, dem Rhein und den Taunusbergen. Von Prof. Erwin W. Hupert stammt auch die Taufschale. Links im Altarraum steht eine kleine Orgel.

Der Altarraum selbst kann durch schwere, dunkle, blaugrüne Vorhänge von dem großen Gemeindesaal abgetrennt werden. Dadurch ist der Gemeindesaal auch für Veranstaltungen wie Pfarrfeste, Konzerte und geselliges Beisammensein zu verwenden. Die abgetrennte Kapelle ist der geeignete Ort für Eucharistiefeiern um den Altar herum im kleinen Kreis, z. B. werktags.

Außerhalb des Altarraums links ist ein kleiner Beichtraum. Hier befindet sich ein weiteres Glasfenster von Peter Paul Etz: das Heilig-Geist-Fenster in verschiedenen gelben und grünen Tönen, mit Feuerzungen, die sich in den Fensterfarben fast auflösen.

Von der Beichtkapelle führt ein Gang, vorbei an dem Gemeindesaal links sowie der Sakristei rechts, verschiedenen Gruppen- und Tagungsräumen und einer kleinen Küche zur ehemaligen Hausmeisterwohnung.

Klare Glasfenster schließlich geben den Blick von den Gängen, dem Gemeindesaal und der Pfarrbücherei frei in einen geräumigen Innenhof.

Dieter Ertel

<u>PFARRZENTRUM HEILIG GEIST IN MAINZ-MOMBACH</u>
Westring 315
55120 Mainz
<u>Gottesdienst:</u>
Sonntags 11 Uhr
<u>Öffnungszeiten:</u>
Mo. - Fr. 9 - 14 Uhr
<u>Kontakt:</u>
Pfarrbüro: montags und donnerstags von 9 - 12 Uhr, mittwochs und freitags von 15 – 17 Uhr
Telefon: 06131/68 27 60
Fax: 06131/68 20 96
barrierefreier Zugang

Die Kapelle des St. Vincenz- und Elisabethen-Krankenhauses befindet sich im zweiten Obergeschoss des Krankenhauses.
Der Raum der Krankenhauskapelle ist rechteckig, das Flachdach wird von Holzbalkenträgern gehalten, die Nord-, Süd- und Westseiten sind in Blei gefassten Glasfenstern gestaltet.
Eine Erläuterung zu den Glasbildern hat deren Gestalter, Robert Köck aus Mainz, wie folgt verfasst:
Das Bildprogramm wird eröffnet mit der Gotteserscheinung im brennenden Dornbusch. Gott offenbart sich im Nennen seines Namens als der Rettende, der Heil Verheißende. Staunend naht sich Moses dem göttlichen Geheimnis.
In den beiden folgenden Bildern ist die Verheißung erfüllt. Ihre leuchtende Mitte ist Jesus, der Christus, der Retter und Heiland aller. Zwei Machttaten bezeugen die mit ihm angebrochene Gottesherrschaft: die Heilung eines Blinden - „Herr, dass ich sehend werde!" - und die eines Aussätzigen - „Herr, wenn du willst, kannst du mich rein machen!" - Diese Bilder verweisen auf die Verwandlung des ganzen Menschen und seines letzten Geschickes: Vom Unglauben zum Glau-

Blick zur Marienstele und zum Glasfenster „Mose am brennenden Dornbusch"

ben, vom Unheil der Sünde zum Heil der Erlösten aus Gnade. Der Blindenführer kann führen, weil er den Blick fest auf Jesus gerichtet hat. Das abweisende Menschenpaar fordert die Klärung des eigenen Standortes heraus.
Die Bildfolge dieser Wand mündet in den Lobgesang der drei Jünglinge im Feuerofen. Hier tönt im Bild die lobpreisende Antwort auf Gottes rettendes und Hoffnung begründetes Handeln.

Die Bilderreihe der gegenüberliegenden Wand hat zwei Pole: Den Herrn am Kreuz und den Engel am leeren Grab, den Zeugen des Auferstandenen. In den untrennbaren Zusammenhang von Tod und Auferstehung Christi sind die Heilige Elisabeth und Vincenz von Paul gestellt; sie sind die Schutzheiligen des Hospitals. Elisabeth eilt dem Armen zu Hilfe: Die drängende Liebe Christi kennt kein Zögern. Vincenz erweist dem Kranken den priesterlichen Dienst: Er bringt im heiligen Sakrament den, der „unsere Leiden auf sich genommen hat" und das Unterpfand der künftigen Herrlichkeit; im dienenden Tun der Heiligen erweist sich die Fruchtbarkeit des Todes und der Auferstehung Christi im Heiligen Geist. Empfangenes Erbarmen wirkt sich aus in schenkendem Erbarmen.

Manche dieser Bilder haben einen deutenden Bezug zu den liturgischen Orten, denen sie benachbart sind. So erscheint der Engel am leeren Grab neben der Sakramentsstelle, dem Ort der geheimnisvollen Gegenwart des gekreuzigten und auferstandenen Herrn im Sakrament des eucharistischen Brotes. Jesus am Kreuz steht in Verbindung mit dem an dieses Bild anschließenden Beichtraum. Jesus verheißt dem gläubig-reuigen Schächer die Heimkehr ins Paradies, in den Frieden Gottes, „heute noch": Wirklichkeit im Sakrament der Sündenvergebung.

Der brennende Dornbusch leuchtet neben der Marienstele. Schon in der frühen Christenheit ist er Symbol für die unversehrte Gottesmutterschaft Mariens. Die lobsingenden Jünglinge im Feuerofen schließlich gehören zum Ort der Orgel und der Vorsänger.

Alle Bilder bezeugen das Erbarmen unseres Gottes und verkünden sein Heil: „Christus gestern, heute und in Ewigkeit", „damit sie das Leben in Fülle haben".

Sie sind erinnernde Zeichen und Aufforderung zu immerwährender Danksagung.

Robert Köck

KAPELLE IM ST. VINCENZ- UND ELISABETHEN-KRANKENHAUS:
An der Goldgrube 11
55116 Mainz
Gottesdienst:
So.: 8.30 Uhr
Öffnungszeiten:
während der Besuchszeiten im Krankenhaus
Kontakt:
Tel. 06131/575-0
(Krankenhaus-Zentrale)

Scheinbar versteckt zwischen den Hochhäusern der Berliner Siedlung und niedriger Wohnbebauung, so erscheint die katholische Jakobuskirche. Ihre Besonderheiten erschließen sich erst auf den zweiten Blick. Zunächst einige Bemerkungen zu ihrer Entstehung:
Als die Stadt Mainz in den 50er Jahren des 20. Jahrhunderts für kriegsbedingt verdrängte, aber inzwischen zurückkehrende Bürger und neue Zuwanderer Bauflächen bereitstellen musste, bot sich hierfür ein großes Gelände südlich des „Rodelberges" an der Geschwister-Scholl-Straße an. 5000 neue Einwohner sollten hier angesiedelt werden. Die städtebauliche Konzeption sah am Südrand der zentralen Erschließungsstraße (heute Berliner Straße) Standorte für Grundschule und Kindergarten und für Kirchen der beiden großen Konfessionen vor. Beide Kirchengemeinden feierten ihre Gottesdienste zunächst in Baracken. Für die evangelische Thomasgemeinde folgte bereits im Jahre 1973 der Bau der neuen, zeltartig gestalteten Kirche.
Für die katholische Jakobusgemeinde war der Weg zu einem neuen Gotteshaus länger. Für den aus der Pfarrei St. Alban ausgegliederten neuen Pfarrbezirk war zwar bereits in den späten 60er Jahren durch die Kölner Architektin Maria Schwarz, die Witwe des bekannten Kirchenbauers Rudolph Schwarz, eine Planung für eine Kirche mit Gemeindezentrum erstellt worden. Doch konnte hiervon zunächst im Jahre 1973 aus Kostengründen nur das Pfarrhaus (heute Berliner Str. 39) fertig gestellt werden. 1982 folgte dann, nach Verkauf eines Teiles des großen Grundstücks, der Bau der heutigen Kirche durch das „Gemeinnützige Siedlungswerk", Frankfurt. Die Planung erarbeitete die Architektin Lucia Hofhus, die Bauleitung hatte Dipl.-Ing. Günter Rosselit von der Mainzer Geschäftsstelle des Siedlungswerkes.

Glasfenster von Alois Plum

Umgeben von fünf Hochhäusern, Wohnbauzeilen und Reihenhäusern kann sich die Kirche durchaus als Solitärbau behaupten. Be-

herrschende Merkmale sind das hohe Dach und der herausragende Turm. Weiße Putzflächen der Wände kontrastieren mit der dunkelbraunen Dachdeckung. Die tief herabgezogenen Seitenflächen fassen die vielfältigen Dachschrägen zusammen. Trotz differenziert gegliederter Baumasse strahlt das Gemeindezentrum Ruhe und Geborgenheit aus. Dunkel gebeizte Fensterrahmen und kleinteilige Lichtöffnungen setzen sich von den hellen Wänden ab.
Der Weg des Besuchers führt von Norden heran durch einen breiten Zugang. Zur Linken führen Türen zur Sakristei und zu den Nebenräumen. Zur Rechten geht es durch einen Warteraum in das Pfarrbüro und über eine Treppe zu den Gemeinderäumen im Untergeschoss. Schon von weitem fällt der Blick durch zwei breite Glastüren in den Kirchenraum, quergelegen und von dem sichtbaren Holzdachstuhl überspannt. 120 Besucher finden in dem 9 x 18 Meter großen Raum Platz. Der warme Ziegelton der Wände und des Fußbodens umfasst den Blick und leitet zum Altarraum mit Kreuz und Jakobusfigur über. In einer nischenartigen Aufweitung des Raumes finden wir, noch in den Altarraum einbezogen, eine Muttergottesstatue.
Wichtigste Ausstattungsteile sind die farbigen Fenster, gestaltet nach Vorlagen des Mainzer Glasmalers Alois Plum durch die Werkstatt Derix in Taunusstein: Das dreigeteilte Fenster an der Längswand hat das Schöpfungswerk Gottes zum Thema. Aus dem Wasser entfaltet sich das neue Leben, exemplarisch verdeutlicht durch eine aufbrechende Zwiebel und einen Bund Ähren. Es folgen an der Rückwand eine Darstellung des Taufsakramentes und neben dem Altar ein diagonal eingestelltes Fenster mit dem Bild einer Flamme als Symbol für den Geist Gottes.
Den gestalterischen Höhepunkt bildet das „Sakramentsfenster“ hinter dem Tabernakel: Es umfasst diesen Ort, an dem wir nach alter Tradition das Brot des Lebens – den Leib Christi – aufbewahren. Ein glutroter Feuerball, der die Liebe und das Erlösungswerk Christi zeigen soll, sprengt die ihn umgebende Dornenkrone. Er umgibt sie und bringt sie zum Leuchten.

Dr.-Ing. Paul-Georg Custodis

GEMEINDEZENTRUM ST. JAKOBUS DER KATH. KIRCHENGEMEINDE ST. ALBAN – ST. JAKOBUS,
Berliner Str. 39 b
55131 Mainz
Gottesdienst:
Samstag 17
Öffnungszeiten:
vor und nach den Gottesdiensten
Der Zugang ist barrierefrei.
Kontakt:
Tel. 06131 / 53061
Fax: 06131 / 573825
Email sekretariat@st-alban-st-jakobus.de
www. st-alban-st-jakobus.de

St. Franziskus-Kirche auf dem Mainzer Lerchenberg: „Seht das Zelt Gottes unter den Menschen"

Am 28. Oktober 1984 weihte Bischof Professor Dr. Karl Lehmann die Kirche der katholischen Pfarrgemeinde in Mainz-Lerchenberg feierlich ein. Siebzehn Jahre hatten die „Pioniere" der Jubiläumssiedlung, die aus Anlass der 1962 veranstalteten 2000-Jahrfeier der Stadt errichtet worden ist, darauf gewartet. Umso größer war die Freude über das erkämpfte und gelungene Gotteshaus. Es bedeutete den städtebaulichen Abschluss des neuen Stadtteils von Mainz.
Bereits 1968 hatte sich die noch kleine Kirchengemeinde in einer geheimen Abstimmung für den hl. Franziskus als ihren Namenspatron entschieden; ein Novum in der Diözese Mainz. Als Begründung für diesen Namen wurde angegeben: „Er ist ein Universal- und ökumenischer Heiliger und seine Lebensform ist der Kirche von heute am angemessensten." Die Gremien der Pfarrei hatten sich fast eineinhalb Jahre mit konkreten Fragen des Kirchbaus auseinandergesetzt. Nach dem Wunsch der Gemeindemitglieder sollte der Kirchbau gemäß den Lebensprinzipien des hl. Franziskus einfach in seiner Gestaltung werden und „ein Zeichen sein, das nicht umgangen und nicht übersehen werden kann, ein Zeichen, das im besten Sinne des Wortes im Weg steht".
Der aus einem Wettbewerb von Architekten aus Rom, Wien, Lud-

Glaswand „Strom der Gnade"

wigshafen und Köln hervorgegangene Kirchenbau weist eine Reihe von Besonderheiten auf. Zu ihnen gehören 23 Glasfenster von Georg Meistermann. Seine Fenster zählen zu den bedeutendsten der Glaskunst im 20. Jahrhundert. Gleich beim Betreten des Vorraums der Kirche trifft der Besucher auf ein überaus farbenfreudiges Fenster mit dem brennenden Dornbusch und den Zehn Geboten. „Zieh die Schuhe aus, Mose, denn dies ist heiliger Boden!" Die Schuhe

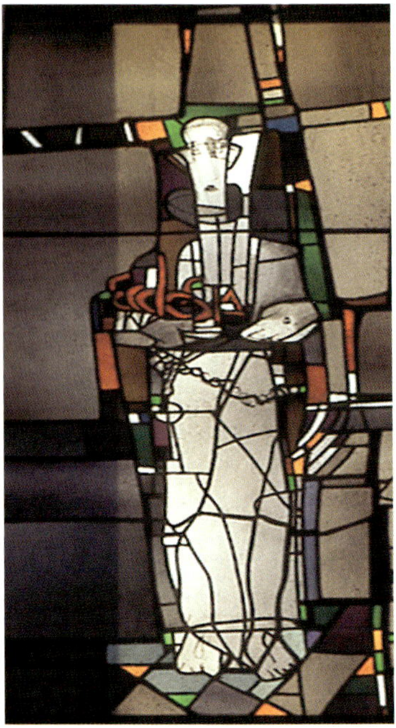

Franziskusfenster von Georg Meistermann

sind zu sehen, Moses nicht; der Eintretende wird gewissermaßen selbst zu Moses.
Im zweiten Vorraum, als Werktagskapelle konzipiert, leuchten dem Besucher das Fenster mit dem stigmatisierten Franziskus und das Fenster mit den Symbolen für Glaube, Hoffnung und Liebe entgegen. Dort steht auch eine Bronzestatue des Namenspatrons der Kirche von dem italienischen Bildhauer Piccolruaz. Rechts neben dem Franziskusfenster hängt ein von Leonhard Eder geschaffenes farbiges Kruzifix mit den Symbolen der Evangelisten an den vier Kreuzenden; ein Hinweis darauf, dass die Evangelisten verkündet haben, was am Kreuz geschehen ist. Der Korpus ist relativ klein ausgeführt; so wird die ganze Ohnmacht des Gekreuzigten ausgedrückt.
Beim Betreten des Hauptraumes durchschreitet der Besucher den „Strom der Gnade", ein Tor in einer riesigen grauweißen Glaswand. Der Kirchenraum besticht durch manche Eigenwilligkeiten in der Form- und Farbgebung seitens des Kölner Architektenteams Hans Schilling und Peter Kulka.
Der rötliche Farbton des verputzten Mauerwerks – Zeichen der bergenden Liebe Gottes (Psalm 139) – erinnert an die in der Heimat des hl. Franziskus vorkommende Gesteinsfarbe. In dieser sind auch die zahlreichen Lampen in Form stilisierter Engel gestaltet.
Im Mittelpunkt des asymetrischen Raumes, der als Zelt Gottes unter den Menschen gedeutet wird, steht eine mächtige, das Kreuz bzw. den Zeltmast darstellende Balkenkonstruktion. Sie trägt die zum blauen Himmel geformte Holzdecke der Kirche. Den optischen Abschluss und thematischen Höhepunkt bildet das Auferweckungsfenster im Chor der Kirche. Es ist das letzte Fenster des Kreuzwegzyklus von Georg Meistermann. Dazu schreibt Josef Beheim, Pfarrer in St. Franziskus von 1980 bis 1996 und studierter Kunsthistoriker in seiner Veröffentlichung „Du bist meine Hoffnung": „Der Künstler hat dem Auferstandenen kein Gesicht gemalt. Jeder darf sein eigenes Gesicht in diese Gestalt setzten . . . Solange nicht alle beim Herrn sind, ist die Gestalt Jesu noch nicht abgeschlossen." Zu dem gesamten Kreuzweg gibt Beheim, der bei dem Entstehen der Fenster sieben

Jahre mit dem Künstler zusammengearbeitet hat, nachstehende Erläuterungen: „Professor Meistermann wollte in seinem Lerchenberger Kreuzweg . . . Denkanstöße geben in zeichenhafter Form. Er wollte keine harmlosen und glatten Bilder malen. Man darf die Bilder nicht ‚schön' finden, sie wollen uns vielmehr betroffen und nachdenklich machen." Das erste Fenster des Kreuzwegs in der Taufkapelle rechts neben dem Altar zeigt die Szene Jesus vor Pilatus. Den popanzhaft thronenden Pilatus überragt ein aufrechter Jesus. Weitere Meistermann-Fenster stellen Christi Geburt dar (rechte Kirchenwand), den heiligen Petrus (rechts daneben), das Himmlische Jerusalem (an der Rückwand) und die Seligpreisungen (links neben der Orgel).
Der romanische Korpus des Kreuzes hinter dem Altar ist der Nachguss eines Kreuzes aus Verden an der Aller aus der Zeit um 1060. Der Altarsockel enthält einen sichtbaren Schrein mit Reliquien der heiligen Märtyrer Basilius, Cyprian und Valerius. Tabernakel, Ambo und Taufstein wurden von dem Bildhauer Jürgen Götz geschaffen. Die anmutige neuromanische Madonna mit dem Jesuskind (rechte Kirchenseite), die sich dem Betrachter voll Güte zuwendet, stammt von dem Bildhauer Heinrich-Gerhard Bücker.
Nahezu die gesamte Ausstattung der Kirche einschließlich der fünf Glocken und der Orgel stifteten Mitglieder der Gemeinde.
Der zweite Ausgang der Kirche führt in eine zum Teil überdachte Vorhalle in Anlehnung an das Paradies frühchristlicher Basiliken.

Dr. Ulrich Eicheler

KATHOLISCHE ST. FRANZISKUS-GEMEINDE
Rubensallee 1
55127 Mainz
Gottesdienst:
am 1., 3. und ggf. 5. Wochenende im Monat:
Samstag 18 Uhr, Sonntag 9 Uhr
Am 2. und 4. Wochenende im Monat:
Sonntag 10.30 Uhr
Öffnungszeiten:
täglich von 8 - 18 Uhr
Der Zugang zur Kirche ist ebenerdig.
Kontakt:
Telefon 06131/71519/337556
Fax 06131/362632
pfarrbuero@st-franziskus.net
www.st-franziskus.net

Die Kirche St. Bernhard in Bretzenheim

In dem sehr alten, bereits zur Zeit Karls des Großen erwähnten Dorf vor Mainz, dem heutigen Bretzenheim, befindet sich eine der jüngsten Kirchen der Diözese Mainz, die katholische Kirche St. Bernhard.
Der Bischof von Mainz, Karl Lehmann, hat sie am 10. Oktober 1992 unter Mitwirkung von Dom Loys Samson, Abt des Klosters Cîteaux/Burgund, geweiht.

Blick in den Altarraum

Der Namenspatron der Kirche, der junge Bernhard de Fontaine, der spätere große Abt von Clairvaux, hat in Cîteaux im Jahre 1112 um Aufnahme in den Zisterzienserorden gebeten.
Schon äußerlich ist erkennbar, dass sich die Kirche an den Baustil der Zisterzienser anlehnt. In der Fassade der aus hellen Klinkersteinen gestalteten Kirche ist an der rechten Seite über der Verglasung ein Stein eingemauert, der aus dem Geburtshaus des hl. Bernhard in Fontaine-lès-Dijon/Burgund stammt. Auch die Benennung des Platzes vor der Kirche als „Place Saint Bernard" macht die Beziehung zum Geburtsland des Heiligen – Frankreich - deutlich.
Die Kirche St. Bernhard ist im Eingangsbereich großflächig verglast,

einladend und Licht gebend zugleich. Die achteckige Taufkapelle liegt in diesem gläsernen Bereich als ein Element der Fassade. Aus einem Basaltmonolith fließt symbolhaft Wasser in eine Onyxschale als Zeichen des Leben spendenden Wassers des Glaubens. Darüber befindet sich ein Radleuchter, Symbol des „Himmlischen Jerusalem".
Den Kirchenraum betritt man durch ein wunderbares Bronzeportal, das von dem italienischen Priester und Künstler Carnessali gestaltet wurde. Dieses Portal ist in großartige Reliefs gegliedert, die Szenen aus dem Leben des hl. Bernhard und seines Umfeldes anspruchsvoll darstellen.
Der Kirchenraum selbst ist schlicht, hat halbrunde Fenster in großer Höhe, eine Holzstrebendecke in zurückhaltender Farbgestaltung, lichtgraue Wände und ebensolche Bänke, keinerlei Ablenkung in der Gestaltung des Raumes.
Dem Besucher wird auffallen, dass der Altarraum zum Kirchenraum hin abgeknickt ist, Sinnbild des geneigten Hauptes Christi.
In der Wand des nach Osten ausgerichteten Chorraumes ist eine Art Sonnenkreuz eingelassen, das aus 14 runden Gläsern besteht; die Zahlensymbolik des Alten und Neuen Testamentes ist in verschiedenen Deutungen eingebunden.
Das Lesepult (Ambo) aus Bronze zeigt wichtige Szenen zum Thema Frauen in der Kirche Christi und steht in einer architektonisch bedeutsamen Beziehung zum Altar und zum Gemeinderaum.
Sieben Bronzeleuchter umgeben den Altar als Zeichen der sieben Kirchen der Apokalypse, im größeren Osterleuchter sind die Symbolzeichen der Osternacht zu erkennen.
Sieben Engel, Zeichen der Gesamtkirche, tragen als Säulen die Platte des siebeneckigen Altars. Hier sind die wichtigsten Szenen der Apokalypse dargestellt. Altar und Leuchter sind Werke des Bildhauers Ulrich Henn, eines international bekannten Künstlers.
Auf zwei Seiten wird die hohe innere Kirchenwand von Betonsäulen getragen, sodass sich ein Umgang ergibt, durch den Pfarrer und Messdiener feierlich zum Gottesdienst einziehen.
Als neustes Gestaltungselement befindet sich hier ein Bronzekreuzweg mit 14 Reliefwandbildern, auch von Ulrich Henn geschaffen, um einen einheitlichen Kunststil in der Kirche zu gewährleisten. Dieser Kreuzweg erinnert in beeindruckender Weise an die Leiden des Herrn, um dann zu dem, in leuchtenden, kräftigen Farben gestalteten Bild "Auferstehung" des bekannten Mainzer Malers Adolf Gerhard zu führen.
Über der südlichen Seitenwand befindet sich die Empore mit der berühmten Cavaillé-Coll-Orgel aus Frankreich, der einzigen in Deutschland mit 11 (bzw. 15) Registern. Dieses wertvolle Instrument, aus dem damals persönlichen Besitz des Meisters, gilt als Symbol für romantische Orgeltradition und fasziniert durch den schönen, weichen Klang und die ausgefeilte Technik.
Nur zwei Figuren schmücken den Kirchenraum. Sie sind von bemerkenswerter Qualität. Auf der linken Seite steht die Gottesmutter und rechts der hl. Bernhard mit Abtsstab und Buch.

In der ehemaligen Werktagskapelle der Pfarrei ist der makedonisch-orthodoxen Kirchengemeinde St. Nicola Gastrecht gewährt. Eine interessante und hochwertige Ikonenwand schmückt heute die Stirnseite der Kapelle. Die Pfarrgemeinde St. Bernhard und die Makedonier aus weiten Teilen Deutschlands, Mitglieder der Pfarrei St. Nikola, sind hier gute Nachbarn.
Außerdem unterhält die Pfarrei St. Bernhard nicht nur enge Bindungen zum Mutterkloster des Zisterzienserordens in Cîteaux, dessen größter Sohn Bernhard der Kirchenpatron ist, sie hat auch bereits im Jahre 1993 eine Partnerschaft mit der Paroisse Saint Bernard de Dijon geschlossen Die erste kirchliche und äußerst lebendige Partnerschaft zwischen zwei Pfarrgemeinden unter dem Abtsstab des großen Heiligen.
Im Ringen um die Schaffung eines geeinten christlichen Europas gilt Bernhard als Vorbild. Er war es, der schon im 12. Jahrhundert die Einheit der Völker Europas nicht nur gefordert, sondern dies auch mit 69 Klostergründungen in ganz Europa belegt hat.
Sein Leben zeigt die „erobernde Macht christlicher Persönlichkeiten".
Seine über die Jahrhunderte gültige Botschaft an die Menschen unserer Tage:

„Denen, die glauben, ist nichts unmöglich.
Denen, die lieben, ist keine Last schwer."
Bernhard von Clairvaux (De la Considération)

Rose Marie Reinhardt

KATHOLISCHE PFARRGEMEINDE
ST. BERNHARD
Hans Böckler Straße 19-21
55128 Mainz-Bretzenheim,
Gottesdienste:
Sonntag: 11 Uhr
Samstag: 18 Uhr
Öffnungszeiten:
Tägl. von 8^{45} – 19 Uhr geöffnet
Kontakt:
Tel.: 06131/734490 u. 732000
Fax: 339317

Die Kapelle im Kloster der Missionare von der Heiligen Familie in Mainz- Bretzenheim

Eine Besonderheit im Berthier- Haus, das benannt ist nach dem Ordensgründer der Missionare von der Heiligen Familie, Jean Berthier, stellt die 1993 eingeweihte Kapelle dar, die durch ihre geometrische Form eines Würfels auffällt.
Über dem Quadrat des Untergeschosses steht auf vier Säulen eine hölzerne Dachpyramide, deren Abschluss eine viereckige Glaskuppel bildet. Als eindeutig sakrales Zeichen befindet sich ganz oben ein Kreuz, das mit seinen vier an den Ecken vergoldeten Armen in alle Himmelsrichtungen zeigt. So wirkt der von dem Architekten Walter Zahnhausen entworfene Bau wie ein „Zelt Gottes unter den Menschen."

Kapelle mit Altar im Mittelpunkt, pyramidenförmig überdacht

Beim Eintritt in die Kapelle geht der erste Blick in die Höhe der Pyramide. Ihr festliches Weiß wird durch die farbig verglaste Kuppel noch gesteigert.
Der große Dachausschnitt zeigt Sterne, Mond und Sonnen. Auch der Wind scheint im Blau zu kreisen.
Am Abend übernimmt der große, an der Kuppel befestigte Leuchter, der wie ein vielfältiger Sternenhimmel wirkt, die Beleuchtung des Raumes. Sein Licht fällt auf den durchgestalteten keramischen Fußboden in roten und altweißen Fliesen. Im Bereich der wichtigsten liturgischen Orte verdichtet sich das Rot zu einer teppichartigen Fläche.

Die quadratische Anordnung der Stühle, die zum Altar hin offen ist, dient dem gemeinsamen Stundengebet und der Feier der Eucharistie.
Die Festlichkeit des Raumes wird durch die Fenster geprägt. Der Künstler Johannes Beck hat in ihnen die Sendung des Heiligen Geistes in der Welt von heute mit zeitgemäßen Formen und der Farbensymbolik unserer Zeit dargestellt. Die Form der Fenster im unteren Teil der Kapelle wie auch die Glaspyramide im oberen Zentrum der Kirche wirken wie ein Schmuckornament. Das griechische Wort für Schmuck heißt „Kosmos", bedeutet aber auch „das geordnete Weltall." Die ganze Welt soll durchtränkt werden von der Kraft des Heiligen Geistes. Blaue und rote Flächen im Hintergrund der Fenster sollen in Verbindung mit den einströmenden roten und leicht grauen Geistflammen in den unteren Fenstern bewusst machen, dass der Geist Gottes nicht etwas Harmloses und in sich Ruhendes ist, sondern dass er mit Macht in unsere Welt eindringen und sie mit seiner Dynamik verändern will.
Der Altar im Mittelpunkt der Kapelle ist aus „Euville", einem französischen Kalkstein. Die glasierten Tonkacheln am Altar zeigen eucharistische Symbole, vor allem den Weinstock und die Reben. Da sind auch Blüten dargestellt im Wechsel mit Blättern und Trauben. Am Rand blühen die Lilien des Feldes in all ihrer Pracht (vgl. Lukas Kapitel 12, Verse 27-29).
Außerdem sind Fisch und Schlange, Stein und Brot, Ei und Skorpion dargestellt. Sie erinnern an das Gleichnis vom bittenden Freund, in dem Jesus Mut macht, vertrauensvoll zu bitten (vgl. Lukas Kapitel 11, Verse 11-13).
So ist der Altar in der Mitte ein Zeichen des Vertrauens.
Das Pult ist jener Ort, von dem aus die Heilige Schrift (Lesung und Evangelium) verkündet und ausgelegt (Predigt) wird. Es ist aus dem gleichen Material wie der Altar, so dass erkennbar wird: „Der Tisch des Wortes" (Ambo) und „der Tisch des Brotes" (Altar) gehören zusammen. Die Keramikfelder des Ambos zeigen die große Wirkung des kleinen Senfkorns: ein Symbol für die Kraft des Wortes Gottes (vgl. Markus Kapitel 4, Verse 30-32). .
In einem vorstehenden Pfeiler ist der Tabernakel eingelassen, der Ort für die Aufbewahrung der Eucharistie. Er ist nicht durch Symbole, sondern durch eine Umkleidung mit Goldbändern geschmückt, die auf die Kostbarkeit des Ortes hinweisen. Das „Ewige Licht" in einem roten Glas deutet still auf die Gegenwart Christi im eucharistischen Brot hin.
An der Wand hinter dem Altar ist ein altes Weinbergkreuz zu sehen. Als Lebensbaum verdeutlicht es zusammen mit der Osterkerze das Pascha-Mysterium und verkündet die österliche Botschaft: Der Tod hat nicht das letzte Wort.
Sie ist ein Ausdruck der Spiritualität der Kongregation der Missionare von der Heiligen Familie.
Diese Ikone wurde im Jahre 1987 von Marius Lipinski in Krakau/ Polen geschrieben. Anders als auf klassischen Ikonen der Ostkirche

werden hier Zärtlichkeit und Zuneigung als etwas dargestellt, was vom Schöpfer gewollt ist und in der Heilsgeschichte seinen Platz hat. Sie versteht sich als ein Idealbild für menschliche Beziehungen. Die drei Hände, die sich kaum berühren, deuten hin auf Ehrfurcht, auf Ausgewogenheit von Nähe und Distanz. Der Ikonenschreiber legt besonderen Wert auf den Gesichtsausdruck der heiligen Personen, weil sich darin die Gegenwart des Geistes Gottes, Erkenntnis und Weisheit, widerspiegeln. Maria sagt mit ihrem Blick, dass sie im Herzen bewegt, was Gabriel verkündet und Simeon prophezeit hat. Der Blick Josefs erweist ihn als Gerechten, als Mann des Glaubens, der wie Abraham aufbricht, um zu tun, was der Herr ihm aufträgt. Der Betrachter und Beter wird eingeladen, wie die Heilige Familie in der Hingabe an den Willen des Vaters zu wachsen und zu reifen; einer durch den anderen und einer mit dem anderen.

P. Egon Färber MSF

MISSIONARE VON DER HEILIGEN FAMILIE
BERTHIER-HAUS
KAPELLE „HEILIGE FAMILIE"
Bahnstraße 32
55128 Mainz
Gottesdienste:
Samstag 7.10 Uhr, 7.30 Uhr, 18.10 Uhr
Sonntag 7.40 Uhr, 8.00 Uhr, 18.00 Uhr
Öffnungszeiten:
tägl. von 7 Uhr - 19 Uhr
Barrierefreier Zugang ist vorhanden.
Kontakt:
Tel: 06131/93445-0 Fax:06131/9344566
Berthier-haus@arcor.de

Glossar

Albe: weißes liturgisches Gewand

Ambo: Ort der Lesung der biblischen Texte im Gottesdienst; der Ort der Predigt ist die Kanzel

Apsis: Altarbereich in einer Kirche, im Allgemeinen mit Altar, Kanzel, Taufstein

Dalmatika: liturgisches Gewand

Konche, auch Concha: Nischenwölbung

Krypta: Gruft, unterirdischer Kirchenraum

Manual: Manual nennt man bei der Orgel den Spieltisch für das Bespielen des Instrumentes mit der Hand

Pilaster: Wandpfeiler

Pluviale: Vespermantel des katholischen Priesters

Sedilien: (bewegliche) Sitze für den Priester, manchmal mit Armlehnen

Sgraffito: Wandmalerei

Tabernakel: in der katholischen Kirche Aufbewahrungsort der Eucharistie; Ziergehäuse in der gotischen Baukunst

Tryptichon: dreiteiliges Kunstwerk/Altar

Tympanon: das mit Reliefs bzw. Figuren geschmückte Giebelfeld über einem Portal bzw. einer Tür

Verzeichnis der Kirchen (nach Stadtteilen)

Budenheim:
Dreifaltigkeitskirche 132

Innenstadt:
Augustinerkirche 72
Dom St. Martin 9
Heilig Kreuz 114
Kapelle zu den Heiligen Drei Königen in der Maria-Ward-Schule 91
Kapelle im Hildegardiskrankenhaus 146
Kapelle des Vincenz- und Elisabethen-Krankenhauses 151
Karmeliterkloster 25
Liebfrauen 141
Marienkapelle und St. Bernhard-Kapelle im Erbacher Hof 29
Mutterhauskirche der Mainzer Maria-Schwestern zur Schmerzhaften Mutter (Ehemalige Klosterkirche der Kapuziner) 94
St. Achatius 76
St. Alban 110
St. Jakobus 153
St. Albertus 135
St. Antonius 32
St. Bonifaz 117
St. Christoph 23
St Ignaz 68
St. Josef 38
St. Peter 60
St. Emmeran 12
St. Klara: Die Kapelle des Klosters der Klarissen-Kapuzinerinnen von der Ewigen Anbetung 89
St. Quintin 15
St. Rabanus Maurus 138
St. Rochus 107
St. Stephan 19

Mainz-Amöneburg:
Maria Immaculata 98

Mainz-Bretzenheim:
Kapelle im Kloster der Missionare 161
St Bernhard 158
St Georg 40

Mainz-Drais
Maria-Königin 46

Mainz-Ebersheim:
St. Laurentius 43

Mainz-Finthen:
St. Martin in Mainz-Finthen 82
St. Hedwig Mainz-Finthen 86
Kapelle der Schwestern von der Göttlichen Vorsehung 88

Mainz-Gonsenheim:
St. Johannes Evangelist 143
St. Petrus-Canisius-Kirche 124
St. Stephan 100
Nothelferkapelle 108

Mainz-Hechtsheim:
St. Pankratius 56

Mainz-Kastel:
St. Georg 53

Mainz-Kostheim:
Maria Hilf 121
St. Kilian 80

Mainz-Laubenheim:
Mariä Heimsuchung 35

Mainz-Lerchenberg:
St. Franziskus 155

Mainz-Marienborn:
St. Stephan 64

Mainz-Mombach:
Heilig Geist 148
Herz-Jesu 105
St. Nikolaus 128
Kreuzkapelle 131

Mainz-Weisenau:
Mariä Himmelfahrt 49

Federführend.
19 Autorinnen vom Rhein
Hg. von Marlene Hübel u. Jens Frederiksen
19 Autorinnen (u.a. Anna Seghers, Bettine von Arnim, Ina Seidel, Karoline von Günderrode) aus 4 Jahrhunderten werden mit einem biografischen Essay und Leseproben vorgestellt. *„Ein Schmuckstück, eine Fundgrube!"* (AZ, Mainz) *„Insgesamt ein Stück Zeitgeschichte und ein wichtiges Dokument."* (Frankfurter Rundschau)
ISBN 3-9808383-7-4, 176 S., Hardcover, €14,90

Horst Dohm
Rheinhessen. Weine & Winzer
Rheinhessen, das größte deutsche Weinanbaugebiet, ist auf dem Vormarsch. Den Aufstieg der Weine und Winzer begründet der ehemalige FAZ-Redakteur Horst Dohm kenntnisreich und informativ in 14 Kapiteln und stellt 59 ausgewählte Weingüter vor.
ISBN 3-937782-10-9, 136 S., Hardcover, Farbfotos, € 14,90

Günter Schenk:
Mainz Helau! Handbuch zur Mainzer Fastnacht
Alles, was Sie schon immer über die Mainzer Fastnacht wissen wollten: über Zugplakettchen, die Zahl Elf, Schwellköppe, Garden, Prinzenpaare u.v.m. - Günter Schenk, einer der besten Kenner der Mainzer Fastnacht, hat ein unverzichtbares Handbuch geschrieben!
176 Seiten, 105 SW-Abb., Hardcover, 14,90 €,
ISBN 3-937782-07-9

Leinpfad-Verlag - der kleine Verlag mit dem großen regionalen Programm!
Leinpfad-Verlag, Leinpfad 5, 55218 Ingelheim,
Tel. 06132/8369, Fax: 896951,
www.leinpfad-verlag.de